丛书主编 郑毅

满洲实录校注

雷广平 校注

吉林文史出版社

图书在版编目（CIP）数据

满洲实录校注 / 雷广平校注. -- 长春 : 吉林文史出版社, 2020.11
（长白文库）
ISBN 978-7-5472-7377-7

Ⅰ. ①满… Ⅱ. ①雷… Ⅲ. ①努尔哈赤（1559-1626）-人物研究②中国历史-史料-清前期 Ⅳ. ①K827=49②K249.106

中国版本图书馆CIP数据核字(2020)第216077号

满洲实录校注
MANZHOU SHILU JIAOZHU
出 品 人：张强
校　　注：雷广平
丛书主编：郑毅
责任编辑：程明　任明雪
装帧设计：尤蕾
出版发行：吉林文史出版社有限责任公司
电　　话：0431-81629369
地　　址：长春市福祉大路出版集团A座
邮　　编：130117
网　　址：www.jlws.com.cn
印　　刷：吉林省优视印务有限公司
开　　本：170mm×240mm　1/16
印　　张：11.5
字　　数：200千字
版　　次：2020年11月第1版　2020年11月第1次印刷
书　　号：ISBN 978-7-5472-7377-7
定　　价：108.00元

《长白文库》编委会

创业史。《丛书》能够在国内外学界有如此大的影响力，与李澍田先生的敬业精神和艰辛努力是分不开的。《丛书》创办之始，李澍田先生“邀集吉、长各地的中青年同志，乃至吉林的一些老同志，群策群力，分工合作”（初版陈序），寻访底本，夙兴夜寐逐字校勘，联络印刷单位、寻找合作方，因经常有生僻古字，先生不得不亲自到车间与排版工人拼字铸模；吉林文史出版社于永玉先生作为《丛书》的第一任责编，殚精竭虑地付出了很多努力，为《丛书》的完成出版做出了突出贡献；原古籍所衣兴国等诸位前辈同人在辅助李澍田先生编印《丛书》的过程中，一道解决了遇到的诸多问题、排除了诸多困难，是《丛书》草创时期的重要参与者。《丛书》自20世纪80年代出版发行以来，经历了铅字排版印刷、激光照排印刷、数字化出版等多个时期，《丛书》本身也称得上是改革开放以来中国印刷史的见证。由于《丛书》不同卷册在出版发行的不同历史时期，投入的人力、财力受当时的条件所限，每一种图书的质量都不同程度留有遗憾，且印数多则千册、少则数百册，历经数十年的流布与交换，有些图书可谓一册难求。

1994年，李澍田先生年逾花甲，功成身退，由刁书仁教授继任《丛书》主编。刁书仁教授“萧规曹随”，延续了《丛书》的出版生命，在经费拮据、古籍整理热潮消退、社会关注度降低的情况下，多方呼吁，破解困局，使得《丛书》得以继续出版，文化品牌得以保存，其功不可没。1999年原吉林师范学院、吉林医学院、吉林林学院和吉林电气化高等专科学校合并组建为北华大学，首任校长于庚蒲教授力主保留古籍所作为北华大学处级建制科研单位，使得《丛书》的学术研究成果得以延续保存。依托北华大学古籍所发展形成的专门史学科被学校确定为四个重点建设学科之一，在东北边疆史地研究、东北民族史研究方面形成了北华大学的特色与优势。

2002年，刁书仁教授调至扬州大学工作，笔者当时正担任北华大学图书馆馆长，在北华大学的委托和古籍所同人的希冀下，本人兼任古籍所所长、《丛书》主编。在北华大学的鼎力支持下，为了适应新时期形势的发展，出于拓展古籍研究所研究领域、繁荣学术文化、有利于学术交流以及人才培养工作的实际需要，原古籍研究所改建为东亚历史与文献研究中心，在保持原古籍整理与研究的学术专长的同时，中心将学术研究的视野和交流渠道拓展至东亚地域范围。同时，为努力保持《丛书》的出版规模，我们以出文献精品、重学术研究成果为工作方针，确保《丛书》学术研究成果的传承与延续。

在全方位、深层次挖掘和研究的基础上，整套《丛书》整理与研究成果斐然。《丛书》分为文献整理与东亚文化研究两大系列，内容包括史料、方志、档案、人物、诗词、满学、农学、边疆、民俗、金石、地理、专题论集12个子系列。《丛书》问世后得到学术界和出版界的好评，《丛书》初集中的《吉林通志》于1987年荣获全国古籍出版奖，三集中的《东三省政略》于1992年获国家新闻出版总署全国古籍整理图书奖，是当年全国地方文献中唯一获奖的图书。同年，在吉林省第二届社会科学成果评奖中，全套丛书获优秀成果二等奖，并被国家新闻出版总署列为"八五"计划重点图书。1995年《中国东北通史》获吉林省第三届社会科学优秀成果二等奖。2005年，《同文汇考中朝史料》获北方十五省（市、区）哲学社会科学优秀图书奖。

《丛书》的出版在社会各界引起很大反响，与当时广东出现的以岭南文献为主的《岭南丛书》并称国内两大地方文献丛书，有"北有长白，南有岭南"之誉。吉林大学金景芳教授认为"编辑《长白丛书》的贡献很大，从《辽海丛书》到《长白丛书》都证明东北并非没有文化"。著名明史学者、东北师范大学李洵教授认为："《长白丛书》把现在已经很难得的东西整理出来，说明东北文化有很高的水准，所以丛书的意义不只在于出了几本书，更在于开发了东北的文化，这是很有意义的，现在不能再说东北没有文化了。"美国学者杜赞奇认为"以往有关东北方面的材料，利用日文资料很多。而现在中文的《长白丛书》则很有利于提高中国东北史的研究"（《长白丛书》出版十周年纪念会上的发言）。中国社会科学院边疆史地研究中心主任厉声研究员认为："《长白丛书》已经成为一个品牌，与西北研究同列全国之首。"（1999年12月在《长白丛书》工作规划会议上的发言）目前，《长白丛书》已被收藏于日本、俄罗斯、美国、德国、英国、加拿大、澳大利亚、韩国及东南亚各国多所学府和研究机构，并深受海内外史学研究者的关注。

为了更好地传承和弘扬优秀地域文化，再现《丛书》在"面向吉林，服务桑梓"方面的传统与特色，2010年前后，我与时任吉林文史出版社社长的徐潜先生就曾多次动议启动出版《长白丛书精品集》，并做了相应的前期准备工作，后因出版资助经费落实有困难而一再拖延。2020年，以十年前的动议与前期工作为基础，在吉林省省级文化发展专项资金的资助下，北华大学东亚历史与文献研究中心与吉林文史出版社共同议定以《长白丛书》为文献基础，从《丛书》已出版的图书中优选数十种具有代表性的文献图书和研究著述合编为《长白文库》加以出版。

《长白文库》是在新的历史发展时期对《长白丛书》的一种文化传承和创新，《长白丛书》仍将以推出地方文化精华和学术研究精品为目标，延续东北地域文化的文脉。

《长白文库》以《长白丛书》刊印40年来广受社会各界关注的地方文化图书为入选标准，第一期选择约30部反映吉林地域传统文化精华的图书，充分展现白山松水孕育的地域传统文化之风貌，为当代传统文化传承提供丰厚的文化滋养，是一件功在当代、利在千秋的文化盛举。

盛世兴文，文以载道。保存和延续优秀传统文化的文脉，是人文社会科学研究者的社会责任和学术使命，《长白丛书》在创立之时，就得到省内外多所高校诸多学界前辈的关注和提携，“开发乡邦文献，弘扬地方文化”成为20世纪80年代一批志同道合的老一辈学者的共同奋斗目标，没有他们当初的默默耕耘和艰辛努力，就没有今天《长白丛书》这样一个存续40年的地方文化品牌的荣耀。“独行快，众行远”，这次在组建《长白文库》编委会的过程中，受邀的各位学者都表达了对这项工作的肯定和支持，慨然应允出任编委会委员，并对《长白文库》的编辑工作提出了诸多真知灼见，这是学界同道对《丛书》多年情感的流露，也是对即将问世的《长白文库》的期许。

感谢原吉林师范学院、现北华大学40年来对《丛书》的投入与支持，感谢吉林文史出版社历届领导的精诚合作，感谢学界同人对《丛书》的关心与帮助！

郑　毅

谨序于北华大学东亚历史与文献研究中心

2020年7月1日

目 录

前言

“实录”是中国古代记载帝王统治时期的编年大事记。每一朝代，凡有嗣皇帝即位，均要依例开设实录馆，为前代皇帝纂修实录，以记述其生前的业绩，同时也包括了相关的政治、军事、外交、经济、民族、文化等各方面的状况及重大事件，堪为内容十分丰富的史料秘籍。

一、关于《满洲实录》的成书过程

《满洲实录》是记载满族统治者爱新觉罗氏先祖源流及清太祖努尔哈赤（1559—1626）毕生事迹的官书，它的成书过程比较复杂，直至今日仍有异说。

《满洲实录》作为一代开国皇帝的实录，有两处与众不同。一是它不以皇帝尊号命名，而是以一个民族的称号“满洲”命名。二是图文并茂，书中附有插图达八十三组之多，这是历朝实录中绝无仅有的。

据史料记载，皇太极天聪六年（1632）十一月二十八日，有书房秀才汉人杨方兴奏曰：“编修国史，从古及今，换了多少朝廷，身虽往而名尚在，以其有实录故也。书之当代谓之实录，传之后世谓之国史，此最要紧之事。我金国虽有榜什在书房中，日记皆系金字而无汉字，皇上即为金、汉主，岂所行之事，止可令金人知，不可令汉人知耶！辽、金、元三史见在书房中，俱是汉字汉文，皇上何不仿之？乞选实学博览之儒公，同榜什将金字翻成汉字，使金、汉书共传，使金、汉人共知，千万世后知先汗创业之艰难，皇上续统之劳苦。凡仁心善政，一开卷朗然，谁敢埋没也？伏乞圣裁。”[①]皇太极纳其言，于天聪七年（1633）组织写作班底，由国史院大学士希福、刚林等主持，用满、汉两种文字开始为其父努尔哈赤纂修“实录”，后又添加了蒙文，于三年后的崇德元年（1636）完成。然而，据考证这部“实录”初始时并非称之为《满洲实录》，而是名曰《太祖太后实录》。书中也未附插图，其图是早于此书之前的天聪九年（1635）八月完成的。

据《太宗文皇帝实录》载：天聪九年（1635）八月，“画工张俭、张应魁恭绘《太祖实录战图》成，赏俭人口一户，牛一头；应魁人口一户”。由此分析，如今我们所见之《满洲实录》插图，是早于实录的文字部分，于皇太极执政之初就已开始组织画工绘写并独立完成的。此图共分订八册，每图附有简要的满、汉文图说，故名曰《清太祖实录战迹图》。

最初完成的《太祖太后实录》，在皇太极去世后，于顺治初年多尔衮摄政（1644—1650）期间，组织对该实录中的内容做了删改。尤其是对其生母表述不恭的地方做了较大改动，如结尾处关于大妃之死，原文是这样叙述的：“帝后原系叶赫国主杨机努贝勒女，崩后复立乌拉国满泰贝勒女为后[②]。然心怀嫉妒，每致帝不怿，虽有机智，终为帝之明所制，留之恐后为乱阶，预遗言于诸王曰：‘俟吾终，必令殉之。’诸王以帝遗言告后，后初迟疑未决。诸王曰：‘先帝有令，虽欲不从不可得也。’后遂服礼衣，尽以珠宝饰之。泣谓诸王曰：‘吾自十二岁事先帝，锦衣玉食已二十六年，吾不忍离，故相从于地下，吾二幼子多尔衮、多铎当善抚之。’诸王泣而对曰：‘二幼弟吾等若不友爱是忘父也，岂有不善抚之理？’于是，后于十二日辛亥辰时自尽，寿三十七，乃与帝同殓。”然而，被删改后的文字却仅剩寥寥几笔：“孝慈皇后崩后，立乌拉国贝勒满泰女为大妃。辛亥辰刻大妃以身殉焉，年三十有七，遂同时而殓。”多尔衮死后，顺治帝亲政，下令再次重修，并改《太祖太后实录》为四卷本的《太祖武皇帝实录》，文中将多尔衮删去的有关其母的部分又改了回来，但文字表述略有差异：“帝后原系叶赫国主杨机奴贝勒女，崩后复立兀喇国满泰贝勒女为后。饶丰姿，然心怀嫉妒，每致帝不怿。虽有机变，终为帝之明所制。留之恐后为国乱，预遗言于诸王曰：‘俟吾终，必令殉之。’诸王以帝遗言告后，后支吾不从。诸王曰：‘先帝有命，虽欲不从不可得也。’后遂服礼衣，尽以珠宝饰之，哀谓诸王曰：‘吾自十二岁事先帝，丰衣美食已二十六年，吾不忍离，故相从于地下。吾二幼子多儿哄、多躲[③]当恩养之。’诸王泣而对曰：‘二幼弟吾等若不恩养，是忘父也，岂有不恩养之理？’于是，后于十二日辛亥辰时自尽，寿三十七。乃与帝同柩。”到了康熙二十一年（1682），实录再次被修订，修订后的实录分为十卷本。不可思议的是，其中关于大妃之死部分，竟因袭了多尔衮执政时改定的说法。该“实录”于康熙二十五年（1686）二月修毕，康熙帝御笔作序。因努尔哈赤的谥号此时有了变化，即由原来的“大清太祖承天广运圣德神功肇纪立极仁孝武皇帝”改为“大清太祖承天广运圣德神功肇纪立极仁孝睿武弘文定业高皇帝”，多出了“睿”“弘文”“定业”“高”共六字，因而康熙朝修订后的实录遂改称《太祖高皇帝实录》（简称）。崇德本的《太祖太后实录》未得流传，多尔衮改定的"实录"更不可能保存下来，顺治本的《太祖武皇帝实录》原本也不知去向。但1932年，故宫文献馆出版印行的《清太祖武皇帝努尔哈奇实录》，经分析应是以顺治本为底本的重排本，通过它或可了解顺治朝所修"实录"的原貌。据载，雍正十二年（1734）也曾对"实录"做过修订，但无保存下来的实物。

"实录"虽几经修订，数易其名，但内容大体相同，只是地名、人名在满、汉文互译过程中形成了同音异字，书写时多有区别，同一事件在叙述上稍有变化，叙事先后或有颠倒之外，并无较大差别。所谓差别，就是在叙述大妃之死因及生前情形一段有着明显不同。

至于这部称谓不同的"太祖实录"是在何时又称之为《满洲实录》的，史书记载不详。乾隆四十四年（1779），遵照弘历帝谕旨："实录八册，乃国家盛京时旧本，敬贮乾清宫，恐子孙不能尽见，因命依式重绘二本，以一本贮上书房，一本恭送盛京尊藏，传之奕世，以示我大清亿万子孙，毋忘开创之艰难也。"并为重绘此书题诗一首，曰：《敬题重绘太祖实录战图八韵》。这里所说的"实录八册"及随后的题诗，所指并非是我们今天看到的图文并茂的《满洲实录》，而应是开始提到的由皇太极初年组织绘制的只有简单图说的《清太祖实录战迹图》。或许就是在重绘的同时，将"太祖实录"的文字部分与"战迹图"合而为一，从而称之为《满洲实录》的。据《清高宗纯皇帝实录》乾隆四十四年(1779) 正月乙卯条载："大学士于敏中等奏：前奉谕旨，令主事门应兆恭绘开国实录。图内事迹，应派员缮写。拟分清字、蒙古字、汉字，各派中书四员，在南书房恭缮。并轮派懋勤殿行走翰林一人入直，照料收发报闻。”由此可推断，这个按照乾隆帝旨意开始重绘并将图中事迹用满、蒙、汉三体文字缮写的“实录”，才应该是如今我们看到的《满洲实录》。乾隆四十六年（1781），遵谕旨再度绘写一部送承德避暑山庄尊藏。

二、关于《满洲实录》的史料价值

之前几经易名而后成书的《满洲实录》，基本上是由《太祖太后实录》脱胎而来的。我们不排除纂修者在书中对努尔哈赤有过度赞誉之词，对四王皇太极在征战中的功绩也过度地夸张渲染，以及宣扬“君权神授”“天将降大任于斯人”等唯心史观。但也应看到，皇太极天聪七年（1633）距努尔哈赤病逝仅七年时间，此前作为“四王”的皇太极屡屡随父亲征，对内抚族众，外拒强敌，收服扈伦各部，结盟并和亲，直到创建后金汗国。努尔哈赤愤书七恨，决战萨尔浒，克抚顺、陷铁岭，战无不克，无往不胜。继之建都辽阳，迁都沈阳，从而奠定帝业的战绩，皇太极皆感同身受。也包括那些参与纂修者，他们对努尔哈赤的功绩大都亲历亲闻。诸多事件叙述详尽、描摹工细。如攻打翁鄂洛城一节，十分详细逼真地讲述了努尔哈赤亲临督战，头项几被敌箭射中，“太祖恐敌知觉，勿令近前，项血涌出，太祖以手揾箭眼，拄弓从容下屋……”以至于后世子孙们，“每恭读实录至此，未尝不流涕动心”[④]。又如，为报杀父祖之仇而对固伦城主尼堪外兰的穷追不舍；对乌拉国主布占泰屡屡背盟行为的恩威并施；对几次重兵压境而临危不惧，最终以少胜多，反败为胜的战绩等，都写得十分生动而翔实。文中所附战图，更加给人以直观体验。张俭、张应魁两位画工，虽身世记载不详，但可以肯定在当时堪为名家，并见过努尔哈赤及诸王其人形状。所绘景致多为实地写生，仿照其人物真貌临摹入画，因而神采毕现，栩栩如生。总共八十三组图，大都是由两图合为一组，个别也有三图或四图合为一组。画家以全景式的构图方式尽可能地展现战争的规模、全貌。其间的满洲发迹舆图、辽东诸多都邑城池、各项重大战役、重要典礼实况以及满洲传统风俗、满蒙人士服饰、所居屋舍、所持器械等等，如今都已成为弥足珍贵的形象史料。

总之，《满洲实录》及其前身各版本的"太祖实录"，是研究清前史、清朝开国史最为珍贵的史籍，是了解和考证努尔哈赤其人最权威的资料。

《满洲实录》本为皇帝及为皇室子孙备览之书，久藏于内府，外人难得一见。清亡后第一次影印是在1930年，辽宁通志馆选定当时的东北大学工厂，对发现的盛京藏本进行影印。影印本不附满、蒙文，只存留汉文部分。1934年，辽海书社又据此以铅活字重排，并将原图缩小了四分之一，仍不附满、蒙文字。这可称为对此书的第一次重排印制。直到1986年，中华书局影印全套《大清历朝实录》，亦称《清实录》，其中的《满洲实录》是选用与前影印或排印不同的底本，即上书房本，现藏于中国第一历史档案馆。《清实录》由太祖至德宗共十一朝，包括《宣统政纪》总计达4433卷。其中为首的《满洲实录》共八卷。据悉，辽宁省档案馆现今保存有两种版本的《满洲实录》，一种是满、蒙、汉三体文合璧并附有插图本，另一种是满、汉两体文合璧无插图但有插图目录本，所绘写年代不详。2012年，辽宁教育出版社依其原样影印了满、汉两体文无插图本。此前，台湾新文丰出版公司于1979年以三体文本为底本影印了《满洲实录》，同时还影印了只有汉文的《清太祖高皇帝实录》（即康熙朝修订本），二者合订为一部。

综上可知，《满洲实录》在民国时期虽有两次影印或排印，但印量有限，又几经乱世损毁，如今已很鲜见。被纳入《清实录》中整体排印本又显得文字浩繁，想从中单求《满洲实录》而不可能。且原书均未经点校注释，难称通俗易懂。

现以中华书局影印的上书房本为底本，参照其他各本对此书进行校注，析出段落，填加标点，附加注释。使其增加了通俗性、可读性，以更好地满足清史爱好者和研究者的需要。

注释：

① 摘自《天聪朝臣工奏议》“杨方兴条陈时政奏”。

② 满泰，乌拉国最后一位国主布占泰之兄。太妃者，即其女名阿巴亥，努尔哈赤宠妃。

③ 多儿哄，即多尔衮；多躲，即多铎。系满、汉文在互译过程中产生的同音异字。

④ 摘自本书后所附乾隆帝所作《敬题重绘太祖实录战图八韵》诗之注。

雷广平

点校凡例

一、本书所采用的底本，为上书房本《满洲实录》。原本为满、蒙、汉三体文字，并附有插图。

点校所参照的其他版本为：辽宁通志馆1930年影印的“盛京藏本”；辽宁省档案馆藏满、汉两体文合璧无插图本。

二、按照文意及今人的阅读习惯，析成段落并添加标点。段落划分主要依据重大事件的起讫或时间顺序，时间以年、月为主，涉及某日时可据情节，不统一另起一段。

三、行间小字夹注为原书所加，主要是对所涉人名、地名做简要解释，本书未作更动。地名人名在满、汉文互译过程中，容易产生同音异字，对照其他版本，凡每一组词中遇有两个以上同音异字者，均以注释方式说明，差异不大者略。

四、文中通假字，如牲为“生”、缎为“段”等，还有疑似的错、漏字，为保持原书本色，均不擅做更动。

五、书中所附插图，因篇幅所限，做了缩印处理，原两幅一组的图被拼接为一幅，以增强视觉效果。

六、文中小括号中的年份及卷后注释系点校者所加。

七、为方便阅读，本书将繁体字转换为简体字，古今字、词义在转换中或有差异，虽详加校订，仍难免有误。

满洲实录　卷一

？——明万历十二年

长白山高约二百里，周围约千里。此山之上有一潭名闼门[①]，周围约八十里，鸭绿、混同、爱滹三江俱从此山流出。鸭绿江自山南泻出，向西流，直入辽东之南海；混同江自山北泻出，向北流，直入北海；爱滹江向东流，直入东海。此三江中每出珠宝。长白山山高地寒，风劲不休。夏日，环山之兽俱投憩此山中。此山尽是浮石，乃东北一名山也。

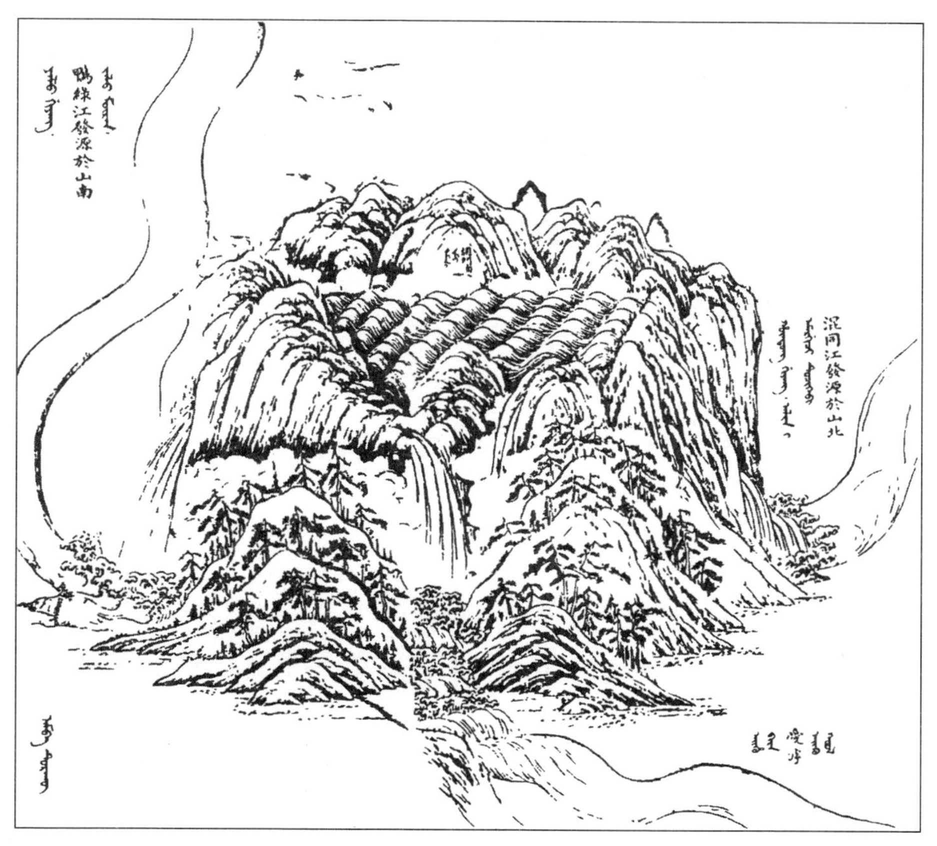

长白山

三仙女浴布勒瑚里泊

满洲源流：

满洲原起于长白山之东北布库哩。山下一泊名布勒湖里。初，天降三仙女浴于泊，长名恩古伦，次名正古伦，三名佛库伦[②]。浴毕上岸，有神鹊衔一朱果置佛库伦衣上，色甚鲜妍，佛库伦爱之，不忍释手，遂衔口中。甫[③]着衣，其果入腹中，即感而成孕，告二姊曰："吾觉腹重，不能同升，奈何？"二姊曰："吾等曾服丹药，谅无死理。此乃天意，俟尔身轻上升未晚。"遂别去。佛库伦后生一男，生而能言，倏尔长成。母告子曰："天生汝，实令汝以定乱国，可往彼处

佛库伦成孕未得同升

佛库伦临升嘱子

将所生缘由一一详说。乃与一舟，顺水去即其地也。”言讫，忽不见。其子乘舟顺流而下，至于人居之处登岸。折柳条为坐具，似椅形，独踞其上。彼时，长白山东南鄂谟辉〖地名。原注〗鄂多理〖城名。原注〗内有三姓争为雄长，终日互相杀伤。适一人来取水，见其子举止奇异，相貌非常。回至争斗之处告众曰：“汝等无[④]争，我于取水处遇一奇男子，非凡人也。想天不虚生此人，盍往观之？”三姓人闻言罢战，同众往观。及见，果非常人，异而诘[⑤]之，答曰：“我乃天女佛库伦所生，姓爱新〖汉语金也。原注〗觉罗〖姓也。原注〗，名布库哩雍顺，天降我定汝等之乱。”

三姓奉雍顺为主

因将母所嘱之言详告之。众皆惊异曰："此人不可使之徒行。"遂相插手为舆[6]，拥捧而回。三姓人息争，共奉布库哩雍顺为主，以百里[7]女妻之，其国定号满洲〖南朝误名建州。原注〗，乃其始祖也。

历数世后，其子孙暴虐，部属遂叛。

神鹊救樊察

于六月间，将鄂多理攻破，尽杀其阖族子孙。内有一幼儿名樊察，脱身走至旷野，后兵追之，会有一神鹊栖儿头上，追兵谓人首无鹊栖之理，疑为枯木桩，遂回。于是，樊察得出，遂隐其身以终焉。满洲后世子孙俱以鹊为神，故不加害。

其孙都督孟特穆，生有智略，

都督孟特穆计杀仇人

将杀祖仇人之子孙四十余，计诱于苏克素护河呼兰哈达〖山名。原注〗下赫图阿拉〖赫图，汉语为横也；阿拉，汉语为岗也。原注〗，距鄂多理西千五百余里，杀其半以雪仇，执其半以索眷族。既得，遂释之。于是，孟特穆居于赫图阿拉[8]。

都督孟特穆生二子，长名充善，次名褚宴。充善生三子，长名妥罗，次名妥义谋，三名锡宝齐篇古。锡宝齐篇古生一子，都督福满。福满生六子，长名德世库，次名琉阐，三名索长阿，四名觉昌安，五名宝朗阿，六名宝实。德世库住觉尔察地方，琉阐住阿哈和洛地方，索长阿住和[9]洛噶善地方，觉昌安住其祖居赫图阿拉地方，宝朗阿住尼玛兰[10]地方，宝实住章佳地方。六子六处，各立城池，称为六王，乃六祖也〖五城距赫图阿拉远者不过二十里，近者不过五六里。原注〗。长祖德世库生三子，长名苏赫臣代夫，次名潭图，三名尼扬古篇古。二祖琉阐[11]生三子，长名禄瑚臣[12]，次名玛宁格，三名们图。三祖索长阿生五子，长名礼泰，次名武泰，三名绰奇阿珠库，四名龙敦，五名斐扬敦[13]。四祖觉昌安生五子，长名礼敦巴图鲁〖汉语勇也。原注〗，次名额尔衮，三名齐堪[14]，四名塔克世，五名塔察。五祖宝朗阿生二子，长名对泰，次名稜敦。六祖宝实生四子，长名康嘉，次名阿哈纳，三名阿笃齐，四名多尔和齐[15]。

彼时有一人名硕色纳，生九子，皆强悍。又一人名加呼，生七子，俱骁勇，常身披重铠，连跃九牛。二姓恃其强勇，每各处扰害。时觉昌安有才智，其子礼敦又英勇，遂率其本族六王将二姓尽灭之。自五岭迤东，苏克素护河迤西，二百里内，诸部尽皆宾服，六王自此强盛。

初，宝实次子阿哈纳至萨克达部，欲聘部长巴斯翰巴图鲁妹为妻，巴斯翰曰："尔虽六王子孙，家贫，吾妹必不妻汝。"阿哈纳曰："汝虽不允，吾决不甘心。”遂割发留掷而去。巴斯翰爱栋鄂部长克彻殷富，遂以妹妻其子额尔机。后额尔机自巴斯翰家回至阿布达哩岭，被托漠河处额图阿噜[16]部下九贼截杀之。贼中有与阿哈纳同名者，群贼相呼，路人悉传阿哈纳之名。克彻闻之曰：“先宝实之子阿哈纳欲聘吾儿妇，其兄不允，吾儿遂娶，今杀吾儿者必此人也。”时，哈达国汗〖名万。原注〗[17]。闻其言，遣使往告克彻曰：“汝子非宝实之子所杀，乃额图阿噜部下九贼杀之。我擒此九贼与尔，尔当顺我。”克彻曰：“吾儿被杀，何故又令我降？此不过以路远之额图阿噜为辞耳。吾等地属同邻，若果宝实之子未杀吾儿，

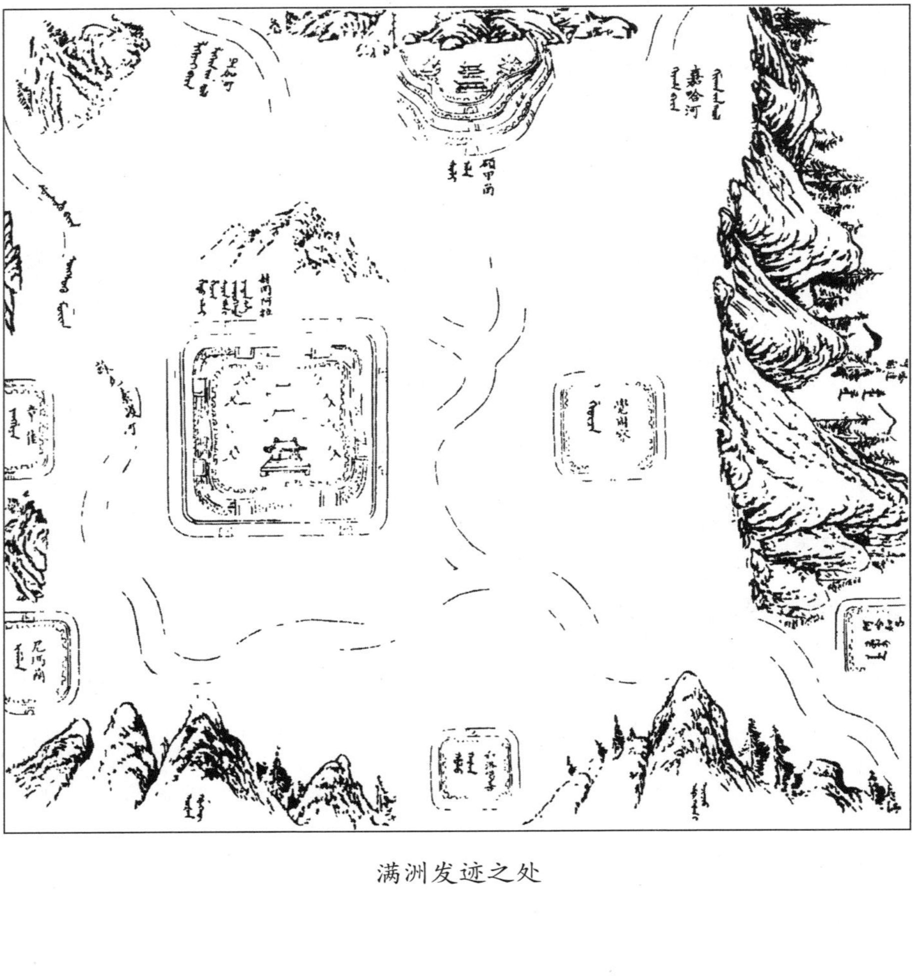

满洲发迹之处

何不以金、帛馈哈达汗，擒此九贼与我面质。若系贼杀吾子，金帛吾当倍偿。”时有索长阿部落额克沁[18]闻之，即往告其主。索长阿私遣人往诳克彻曰：“汝子是我部下额尔绷格与额克青格谋杀，若以金、帛遗[19]我，我当杀此二人。”克彻曰：“哈达汗言额图阿噜部下九贼杀之，尔又云尔部人杀之，此必汝等设计诳我。”于是遂成仇敌，因引兵攻克六王东南所属二处。六王不能支，相谋曰：“我等同祖所生，今分居十二处，甚是涣散，何不聚居共相保守？”众议皆定，独武泰不从曰：“我等同住一处，牲畜难以生息。吾今诣妻父哈达汗处，借兵报复。”于是，遂借兵往攻克彻二处[20]，获其数寨。初，未借兵之先，六王与哈达国汗互相结亲，兵势比肩。自借兵后，六王之势渐衰。觉昌安第四子塔克世嫡福金[21]，乃阿古都督长女，姓喜塔喇，名额穆齐。生三子，长名弩尔哈齐[22]，号淑勒贝勒[23]；次名舒尔哈齐，号达尔汉巴图鲁[24]；三名雅尔哈齐。侧福晋乃哈达国汗所养族女，姓纳喇，名恳哲，生一子，名巴雅喇，号卓里克图〖汉语为能干也。原注〗。侧室生一子，名穆尔哈齐，号青巴图鲁[25]。

初，额穆齐孕十三月生太祖，时己未岁明嘉靖三十八年（1559）也。是时，有识见之长者言：“满洲必有圣人出，戡乱致治，服诸国而为帝。”此言传闻，人皆妄自期许。太祖生，凤眼大耳，面如冠玉。身体高耸，骨格雄伟。言词明爽，声音响亮。一听不忘，一见即识。龙行虎步，举止威严。其心性，忠实刚果，任贤不二，去邪无疑，武艺超群，英勇盖世，深谋远略，用兵如神，因此号为明汗。十岁时丧母，继母妒之。父惑于继母言，遂分居，年已十九矣。家产所予独薄，后见太祖有才智，复厚与之，太祖终不受。时，各部环满洲国扰乱者，有苏克素护河部、浑河部、完颜部[26]、栋鄂部、哲陈部、长白山讷殷部、鸭绿江部、东海窝集部、瓦尔喀部、库尔喀部、呼伦[27]国中乌拉部[28]、哈达部[29]、叶赫部[30]、辉发部[31]。各部蜂起，皆称王争长，互相战杀。甚且骨肉相残，强凌弱，众暴寡。太祖能恩威并行，顺者以德服，逆者以兵临，于是削平诸部，后攻克明国辽东诸城。

诸部世系

乌拉国，本名呼伦[32]，姓纳喇，后因居乌拉河岸，故名乌拉。始祖名纳齐卜禄，生商坚多尔和齐，商坚多尔和齐生嘉玛喀硕珠古，嘉玛喀硕珠古生绥屯，绥屯生都尔机。都尔机生二子，长名克锡纳都督，次名古对珠延[33]。克锡纳都督生彻彻木，彻彻木生万〖后为哈达国汗。原注〗。古对珠延生太兰，太兰生布颜，尽收乌拉诸部，率众于乌拉河洪尼处筑城称王。布颜卒，其子布干继之。布干卒，其子满泰继之。

哈达国，姓纳喇，名万，本呼伦族也。后因住哈达处，故名哈达。乃乌拉部彻彻木之子，纳齐卜禄第七代孙也。其祖克锡纳都督被族人巴岱达尔汉所杀，万遂逃往锡伯部[34]绥哈城。其叔旺住外兰逃至哈达部为部长，后哈达部叛，旺住外兰被杀。其子博尔坤杀父仇人，请兄万为部长，万于是远者招徕，近者攻取，其势愈盛，遂自称哈达汗。彼时叶赫、乌拉、辉发及满洲所属浑河部尽皆服之。凡有词讼，悉听处分。贿赂公行，是非颠倒，反曲为直。上既贪婪，下亦效尤，凡差遣人役，侵渔[35]诸部，但见鹰犬可意者，莫不索取得之，即于万汗前誉之；稍不如意，即于万汗前毁之。万汗不察民隐，惟听谮言，民不堪命，往往叛投叶赫，并先附诸部尽叛，国势渐弱。万汗卒，子扈尔汉袭位，八月而卒，其弟康古噜袭之。康古噜卒，弟蒙格布禄袭之。

叶赫国，始祖蒙古人，姓土默特，所居地名曰璋。灭呼伦国内纳喇姓部遂居其地，因姓纳喇。后移居叶赫河，故名叶赫。始祖星根达尔汉生席尔克明噶图，席尔克明噶图生齐尔噶尼，齐尔噶尼生楚孔格，楚孔格生台楚[36]。台楚生二子，长名清佳努，次名扬吉努。兄弟征服诸部，各居一城，哈达人多归之，兄弟遂皆称王。甲申岁，明万历十二年（1584），宁远伯李成梁受哈达国贿，以赐敕书[37]为由，诱清佳努、扬吉努至开原关王庙，并所带兵三百皆杀之[38]。清佳努子布斋[39]、扬吉努子纳林布禄，各继父位。后李成梁复率兵攻克都喀、尼雅罕二寨，汉兵亦损伤甚多。成梁又于戊子岁（1588）率兵攻纳林布禄东城，失利而回。

辉发国，本姓益克得哩，原系萨哈连乌拉江尼马察部人〖萨哈连乌拉，即混同江，一说黑龙江是也，此源从长白山发出。原注〗。始祖星古礼[40]移居扎噜后投纳喇姓，噶扬噶、图墨土〖噶扬噶、图墨土所居地名曰璋，亦呼伦国人。原注〗二人杀七牛祭天，遂改姓纳喇。星古礼生二子，长名瑠臣，次名贝臣。贝臣生二子，长名纳领噶，次名鼐宽。纳领噶生拉哈都督，拉哈都督生噶哈禅都督，噶哈禅都督生齐讷根达尔汉，齐讷根达尔汉生旺吉努[41]。旺吉努征服辉发部，于辉发河边呼尔奇山筑城居之，故名辉发。彼时，蒙古察哈尔国土门扎萨克图汗自将来围其城，攻不能克，遂回。旺吉努卒，孙拜音达哩杀其叔七人，自为辉发国王。

满洲国初，苏克素护河部内图伦城有尼堪外兰者，于癸未岁万历十一年（1583），唆构[42]宁远伯李成梁攻古埒[43]城主阿太、沙济城主阿亥。成梁于二月率辽阳、广宁兵，与尼堪外兰约，以号带为记，二路进攻。成梁亲围阿太城，命辽阳副将围阿亥城，城中见兵至，遂弃城遁，半得脱出，半被截困，遂克其城，杀阿亥。复与成梁合兵围古埒城，其城倚山险，阿太御守甚坚，屡屡亲出绕城冲杀，围兵折伤甚多，不能攻克。成梁因数尼堪外兰谗构以致折兵之罪，欲缚之。尼堪外兰惧，愿往招抚，即至城边赚之曰："天朝大兵既来，岂有释汝班师之理？汝等不如杀阿太归顺。太师有令，若能杀阿太者，即令为此城之主。”城中人信其言，遂杀阿太而降。成梁诱城内人出，不分男妇老幼尽屠之。阿太妻系太祖伯父礼敦之女，祖觉昌安闻古埒被围，恐孙女被陷，同子塔克世往救之。既至，见大兵攻城甚急，遂令塔克世候于城外，独身进城欲携孙女以归，阿太不从。塔克世候良久，亦进城探

太祖初举下图伦

视。及城陷，被尼堪外兰唆使明兵并杀觉昌安父子。后太祖告明国曰：“祖父无罪，何故杀之？”明复曰：“汝祖父实是误杀。”遂以尸还，仍[44]与敕书三十道，马三十匹，复给都督敕书。太祖曰：“杀我祖父者，实尼堪外兰唆使之也，但执此人与我即甘心焉。”边臣曰：“尔祖父之死，因我兵误杀，故以敕书、马匹与汝，又赐以都督敕书，事已毕矣。今复如是，吾即助尼堪外兰筑城于嘉班[45]，令为尔满洲国主。”于是，国人信之，皆归尼堪外兰。其五

祖子孙对神立誓亦欲杀太祖以归之。尼堪外兰又迫太祖往附，太祖曰："尔乃吾父部下之人，反令我顺尔，世岂有百岁不死之人？"终怀恨不服。

又，苏克素护河部内萨尔浒部长卦喇，被尼堪外兰谮于抚顺将官前责治之。其弟诺密纳与本部内嘉木湖寨主噶哈善，沾河寨主常书、杨书俱忿恨，相议曰："与其仰望此等人，不如投爱新觉罗六王子孙。"议定，遂来附。杀牛祭天立誓，四部长告太祖曰："念吾等先众来归，毋视为编氓[46]，望待之如骨肉手足。"遂以此言对天盟誓。

太祖欲报祖父之仇，止有遗甲十三副，遂结诺密纳共起兵攻尼堪外兰，时癸未岁（1583）夏五月也，太祖年二十五矣。有三祖索长阿第四子龙敦，唆诺密纳之弟鼐喀达曰："今明国尚欲助尼堪外兰筑城于嘉班，令为满洲主。况哈达万汗又助之，尔何故顺淑勒贝勒耶？"鼐喀达往告其兄，诺密纳遂背约不赴。太祖乃起兵往攻之，尼堪外兰在图伦城予知，遂遗军民携妻子走嘉班。太祖兵不满百，甲仅三十副[47]，克图伦而回。

秋八月，太祖复率兵攻嘉班，不意诺密纳与弟鼐喀达暗遣人往报，尼堪外兰复弃城逃至抚顺所[48]东南河口台。其守边军不容进边，正拦阻时，太祖追至。不料拦阻之敌，疑为明兵助尼堪外兰来战，遂退兵扎营。是夜，有尼堪外兰部下一人投太祖曰："尼堪外兰被明兵阻拦不容入边，何故退兵也？"太祖乃还，恨曰："诺密纳、鼐喀达二人若不暗送消息，尼堪外兰必成擒矣。"正恨时，诺密纳、鼐喀达遣使来曰："浑河部杭嘉并扎库穆二处，不许侵犯。其栋嘉与巴尔达二处乃吾仇敌，尔若攻破与我则已，不然吾当阻其边路不容尔行兵。"太祖闻言愈恨之。时，噶哈善与常书、杨书三人亦忿甚，谓太祖曰："若不先破诺密纳，吾等必附诺密纳矣。"太祖从言，遂阴定破诺密纳之计，阳与诺密纳合兵攻巴尔达城。

太祖谓诺密纳曰："尔兵可先攻。"诺密纳不从，太祖曰："尔既不攻，可将盔甲器械与我兵攻之。"诺密纳不识其计，将器械尽付之。兵器既得，太祖执诺密纳、鼐喀达杀之，遂取萨尔浒城[49]而回。其逃散之众有复归者，太祖尽还其妻孥，仍令居萨尔浒。众修整其城，复叛。

尼堪外兰部族并先附之人相谓曰："尼堪外兰前为敌兵所逼，值垂亡之际往奔明边尚尔不容，况肯筑城于嘉班令为满洲主耶？足证前言皆诳吾辈耳。"遂叛之。尼堪外兰，携妻孥亲属逃于法呐哈所属鄂勒珲[50]筑

太祖计杀诺密纳、鼐喀达

城居住。太祖以同母妹妻噶哈善。

六祖宝实之子康嘉与绰奇、塔觉善等同谋请哈达国兵，令浑河部兆嘉

城主理岱〚理岱亦宗人。原注〛导引，劫太祖所属之瑚济寨而去。至中途，甫分人畜，太祖部将硕翁科罗巴图鲁、巴逊领十二人追至其处，突然而入，敌兵遂败，杀四十余人，尽获所掠而回〚硕翁科罗初名谙班偏格，因其英勇超众，故名硕翁科罗巴图鲁。原注〛。有长祖、次祖、三祖、六祖之子孙同誓于庙，欲谋杀太祖。至夏六日晦暝之夜亥时，方竖梯登城，太祖心神不宁因起著衣，带弓矢持刀登城观之。贼见太祖立城上，皆坠城而遁。

硕翁科罗巴逊败哈达兵

九月内，贼乘夜阴晦，拔太祖住宅栅木潜入，时有犬名汤古哈四顾惊吠，太祖觉之，将二男一女匿于柜下，乃执刀大呼曰："何处贼敢来相犯？汝不入，我即出，毋得退缩。”故将刀柄击窗有声，作由窗而出之势，仍由户出。贼见出势勇猛，皆遁去。时有部落[51]帕海睡于窗下，被贼刺死。

甲申岁（1584）正月，太祖起兵征理岱，时值大雪，至噶哈岭，山险兵难进。太祖之叔暨兄弟辈同劝回兵，太祖曰：“理岱系我同姓，乃忍引他人害我，我岂甘心？”遂凿山为磴[52]，鱼贯而上，将马以索系拽上岭。至理岱城下，有三祖之子龙敦预差人报与理岱，理岱遂聚兵登城张号待敌。太祖部众曰：“城内有备，何以攻之？不如回兵。”太祖曰：“我明知其有备，必无还理。”督兵攻城，即时克之。宥[53]理岱之死而养之，遂回兵。

太祖宥养理岱

龙敦唆萨木占〖萨木占乃太祖庶母之弟。原注〗曰："尔妹见在我家，汝可与我同谋杀噶哈善〖噶哈善乃太祖妹夫。原注〗。"萨木占听其言，带领族人遮杀于路。太祖闻之，聚众往寻其尸，兄弟中皆与龙敦同谋，竟无同往者。太祖带数人往寻之，族叔尼玛兰城主稜敦止之曰："族人若不怨汝，焉肯杀汝妹夫？汝且勿往，恐被人害。"太祖大怒，遂披甲跃马，登城南横岗，弯弓盘旋，复回城内大呼曰："有杀吾者可速出。"族人皆惧，无敢出者。太祖取其尸竟纳入室中，解衣服靴帽，厚葬之。

四月内，太祖睡至夜半，闻门外有步履声，即起佩刀执弓，将子女藏于僻处，令后故意如厕，太祖紧随，以后体蔽己身，潜伏于烟突侧，后即回室。是夜阴晦，忽电光一烛，见一贼将近，太祖以刀背击仆，喝令家人缚之。家人洛汉等言："缚之何用？当杀之。"太祖暗思，贼必有主，若杀之，其主必以杀人为名加兵于我，自料兵少难敌。乃佯言曰："尔必来偷牛？"其贼答以偷牛是实，并无他意。洛汉又言："此贼实害我主，诈言偷牛，可杀之，以戒后人。"太祖曰："此贼实系偷牛，谅无别意。"遂释之。

五月，太祖夜宿，有侍婢不寐，在灶燃灯，忽燃忽灭，太祖见而疑之，乃着短甲，于服内持弓刀，作外便状。至烟突侧，见排栅空处隐隐有人形露其首，恍惚不真，详视之则无矣。时，天色甚晦，忽有电光，见贼已逼近，遂发一矢，被贼躲过，中其肩衣而走。复追射一矢，穿贼两足，以刀背击其首，昏绝于地，遂缚之。有弟兄亲族俱至言："挞之无益，不如杀之。"太祖曰："我若杀之，其主假杀人为名，必来加兵掠我粮石。粮石被掠，部属缺食，必至叛散。部落散则孤立矣，彼必乘虚来攻，我等弓箭器械不足，何以御敌？又恐别部议我杀人启衅，不如释之为便。"遂纵之，其贼名义苏。

六月，太祖为噶哈善复仇，率兵四百往攻纳木占、萨木占、纳申、完济汉，直抵玛尔墩山下。见山势陡峻，乃以战车三辆并进。路渐隘，一车前进，二车随之。将近城下，路愈隘，令三车前后联络上攻。城上飞石击之，复用木撞其车，前车被摧，后车相继，二车俱坏。众皆蔽身于一车之后，缩首不能上攻。太祖奋勇当前，距城丈许，乃蔽于木桩后射一矢，正中纳申之面，直贯其耳。复射，四人俱仆，城上兵皆却。太祖令兵稍退远围之，绝其汲路[54]。连攻三日，至四日夜，密令兵跣足登山袭破之。纳申、完济汉弃城走界藩，遂取其城而回。

太祖大战玛尔墩

时，栋鄂部众部长相议曰："昔六王族众，借哈达国兵掠我数寨，今彼与哈达国已成仇隙，我等乘此机会宜往报仇。”遂以蟒血淬[55]箭以备用。其后，部中自相扰乱，太祖闻之，谓诸将曰：“栋鄂部自乱，我辈宜乘时往攻。”诸将谏曰：“兵不可轻入他人之境。胜则可，倘有疏失，奈何？”太祖曰：“我不先发，倘彼重相和睦，必加兵于我矣。”众皆从之。

于九月内，太祖率兵五百，往攻栋鄂部长阿海。阿海聚兵四百，闭城以待。太祖兵至，围阿海所居齐吉达城，将城上悬楼并城外房屋尽焚之。城将陷，会大雪，遂罢攻。令兵先行，太祖带十二人伏于火烟笼罩之处。城内以为兵退，乃遣军出城，太祖突出破其众，斩四人，获甲二副而回。

时有完颜部内一人名逊扎秦光衮，谒太祖曰：“吾曾被翁鄂洛处人所擒，乞贝勒助一旅之师为我雪仇。”太祖闻其言默思：吾既兴兵至此，当乘兹以戡定一方。遂与逊扎秦光衮星夜前进。有光衮兄子岱度，密令人往送消息。翁鄂洛人知之，遂敛兵于城。太祖兵临城下，攻之，焚其悬楼并周城房屋。太祖登房跨脊上射城内之人，被城内鄂尔果尼一箭正中太祖首，透盔伤肉深指许。太祖拔箭，见城内一人奔走于烟突僻处，太祖即以所拔之箭射之，穿两腿应弦而倒。太祖箭伤，血流至足，犹弯射不已。时一人名洛科，乘火烟暗发一矢，正中太祖项，镞卷如钩，拔出带肉两块〖项下有锁子围领，矢中有声，镞分如双钩。原注〗。众见太祖被伤，俱登屋欲扶回，太祖曰：“尔等勿得近前，恐敌知觉，待我从容自下。”项血涌出，太祖以手搵箭眼，拄弓下屋，伏二人肩上，昏仆于地，诸将懊悔不已。及复苏，将箭痕裹束厚数寸，昼夜血犹不止，昏迷累次。每苏时辄饮水，至次日未时其血方止，于是，弃将得之城而回。

注释：

① 闼，音踏。闼门，指较小的门。

②《太祖高皇帝实录》为“相传有天女三”,“天女”或“仙女”,各书有别。

③ 音府,刚刚开始。

④ 同毋,不要,禁止或劝阻。

⑤ 音杰,盘问。

⑥ 二人或四人手搭手连成的“轿子”,人坐其上。满族儿童游戏常用此法。

⑦ 百里,复姓。

⑧ 赫图阿拉,后成为满族后金政权之都城,故址在今辽宁省新宾县永陵镇老城村,遗址尚存,为国务院第六批公布的全国重点文物保护单位。

⑨ 满、汉两体文本为“河”。

⑩ 满、汉两体文本为“尼麻喇”。

⑪ 满、汉两体文本为“刘阐”。

⑫ 满、汉两体文本为“陆虎臣”。

⑬ 满、汉两体文本依次为:“李泰、吴泰、绰奇阿注库、龙敦、湃永敦”。

⑭ 满、汉两体文本为“界堪”。

⑮ 满、汉两体文本为“多尔部齐”。

⑯ 满、汉两体文本为“额吐阿禄”。

⑰ 万与王谐音,实为王,即王台也。亦称可汗、可寒。皆古时鞑靼、蒙古诸族最高统治者之称号。

⑱ 满、汉两体文本为“额克秦”。

⑲ 音未,赠与。

⑳ 满、汉两体文本为“二次”。

㉑ 福金，亦作福晋，满语谓妻子。嫡福金，正妻。清代制度，凡亲王、郡王及亲王世子的正室均称福金，侧室则称侧福金。

㉒ 驽尔哈齐，即努尔哈赤。清代诸文献亦称努尔哈齐。

㉓ 淑勒，汉语为聪睿之意。贝勒，满语，原为满族贵族的称号。清崇德元年，定封爵，置贝勒于亲王、郡王之下。

㉔ 达尔汉巴图鲁，意为“荣誉的勇士”。

㉕ 青巴图鲁，意为“忠诚的勇士”。

㉖ 完颜部，满、汉两体文本为“王甲部”。

㉗ 呼伦，亦称扈伦，因自黑龙江呼兰河流域迁徙而来，故以谐音称呼。

㉘ 乌拉部，故址在今吉林省永吉县乌拉街镇，古城遗迹犹存，为省级重点文物保护单位。

㉙ 哈达部，老城位于今辽宁省开原东六十五里左右的南城子一带，已无考。哈达新城位于今辽宁省西丰县境内，遗址无存。

㉚ 叶赫部，故址在今吉林省四平市叶赫满族镇附近，有东、西二城，遗址犹存，为省级文物保护单位。

㉛ 辉发部，故址在今吉林省辉南县城东约六公里的辉发山上，古称扈尔齐山，古城遗迹尚存，为省级文物保护单位。

㉜ 呼伦，满、汉两体文本为“扈伦”。

㉝ 古对珠延，满、汉两体文本为“古对朱颜”。

㉞ 锡伯部，满、汉两体文本为“席北部”。

㉟ 侵渔，即侵夺，从中侵吞牟利。

㊱ 台楚，满、汉两体文本为“太杵”。

㊲ 敕书，皇帝封赠臣属的一种文书，明代为了统治女真各部，朝廷常赐女真部落头领以敕书，持此进行互市贸易等活动。

㊳ 即“市圈计”惨案。

㊴ 布斋，又称布寨者。女真人名往往由于音译而产生书写差异。

㊵ 星古礼，又名昂古里·星古力，是辉发之始祖。

㊶ 旺吉努，满、汉两体文本称王机砮。

㊷ 唆构，即怂恿，指使或挑动别人去做坏事。

㊸ 埒，音列，位于今辽宁省新宾县上夹河镇古楼村，苏子河南岸，扎喀关之西，系努尔哈赤父、祖被误杀之地。明万历二十一年，努尔哈赤在此地击败以叶赫为首的九部联军。

㊹ 仍，古文与乃通。

㊺ 嘉班，满、汉两体文本为“甲板”。

㊻ 编氓，编入户籍的普通百姓。

㊼ 三十副，疑为十三副之误。

㊽ 所，为明代驻兵之地，大的称千户所，小的则称百户所。

㊾ 萨尔浒城，位于今辽宁省抚顺市大伙房水库东南隅，女真人于此山上建城。天命五年，努尔哈赤在此与明军决战，战后即临时迁都于此。

㊿ 鄂勒珲，满、汉两体文本为“鹅尔浑”。

(51) 部落，似误，疑为部下。

(52) 凿山为磴，即将山石凿成台阶。

(53) 宥，音又，宽恕或原谅。

(54) 汲路，古代战时取水的通道。

(55) 淬，即淬火，工件热处理的一种方式。

满洲实录　卷二

乙酉岁至戊戌岁（明万历十三年至二十六年）

太祖疮愈，率兵复攻翁鄂洛城，克之。众将欲杀鄂尔果尼、洛科，太祖曰："二人射我，乃锋镝[①]之下各为其主，孰不欲胜？吾今释而用之，后或遇敌，彼岂不为我用命哉？此等之人死于锋镝者尤当惜之，何忍因伤我而杀之也？"赐以牛录〖属三百人。原注〗之爵，厚养之。[②]

太祖宥鄂尔果尼、洛科

乙酉年（1585）二月，太祖率五十人，甲二十五副，略界藩寨。不意界藩寨预知，已有备，竟无所获，回兵。时有界藩、萨尔浒、栋佳、巴尔达四城部长会兵四百，追射至界藩南太兰之野〖太兰，岗名。原注〗，讷申、巴穆尼二人当先追至。太祖一见，即单身拨马欲斩讷申。讷申先以刀断太祖鞭，太祖奋力一刀，挥讷申肩背为两段，随转身射巴穆尼于马下。众兵见二人死，俱退却而立。我军曰："马俱疲弱，为之奈何？"太祖曰："众可下马，佯以弓梢拂雪作拾箭状，徐徐引马而退，待过岭，以盐水、炒面

太祖战杀讷申、巴穆尼

饮马解其疲，我自殿后[3]为疑兵计。"言毕，令兵先行。太祖立于斩讷申处，讷申部众呼曰："人已死，何不去？欲食其肉耶？汝回，我辈欲收主

尸。”太祖言：“讷申系我仇，幸得杀之，肉亦可食。”言讫遂回。欲令疲弱之兵远行，乃率七人将身隐僻处，露其盔似伏兵之势。讷申部众又呼曰：“汝有伏兵，我等知之矣。二主已被杀，犹欲尽杀我等耶？”于是，太祖全其羸马[4]而回。

四月，太祖率马、步兵五百征哲陈部。时大水，令众兵回，止带绵甲五十人，铁甲三十人进略。有嘉哈部长苏库赉呼[5]，密令人报与托漠河、章佳、巴尔达、萨尔浒、界藩五城知之，遂合兵一处。有后哨章京[6]能古德，

太祖四骑败八百兵

一见敌兵即飞报，不意误失太祖处。太祖恃有后哨，亦不深备。不期

敌兵忽至，太祖见其兵阵于界藩、浑河，直至南山，约八百余。有扎亲、桑古哩二人〖宝朗阿之孙也。原注〗见敌兵大恐，解其甲与人。太祖怒曰："汝等平昔在家每自称雄于族中，今见敌兵，何故心怯，解甲与人？"言讫，自执旗先进。见敌兵不动，遂下马，将马逐回，率弟穆尔哈齐并二家人延布禄、武凌噶，四人奋勇步射，直入重围混杀敌兵二十人，遂败其兵。八百人不能抵当，皆涉浑河而走。时，太祖战酣甚疲，喘息不定，卸其兜鍪[7]，遂解甲不及，以手断其扣。正憩

太祖独战四十人

时，后之兵将方至，众曰："乘此势可追杀之。"太祖怒而不应。敌

兵已渡浑河，太祖稍息，重整盔甲，率兵追杀四十五人。与穆尔哈齐追至界藩，有一险隘，山名吉林，立于其上，见败兵十五人来奔此山，太祖恐敌见之，去其盔缨隐身而待。先射为首一人，中其腰仆地。穆尔哈齐又射死一人，余皆坠崖而死。太祖收兵曰："今以四人败八百众，实天助之也。"全胜而回。

九月内，太祖率兵往攻安图瓜尔佳寨〖苏克素护河部所属。原注〗破之，杀其寨主诺谟珲[⑧]而回。

斋萨献尼堪外兰首

丙戌年〖1586〗五月内，太祖攻克贝欢寨[⑨]。

七月内，太祖率兵环攻托漠河城〖哲陈部所属。原注〗。时，暴雷震死二人，遂罢攻而回。后招服之，乘便往攻仇人尼堪外兰，沿途诸部皆是仇敌，星夜越进，攻鄂勒珲城，克之。时，尼堪外兰不在城中。初，城外有四十余人，不及进城，带妻子逃走，为首一人穿青绵甲戴毡帽，太祖见之，疑是尼堪外兰，单身直入四十人中。内一人箭射太祖胸旁，从肩后露镞，共中伤三十处，太祖不怯，犹奋勇射死八人，复斩一人，余众皆散。鄂勒珲城内有汉人十九名，亦杀之，又捉中箭伤者六人。太祖复深入其箭，令带箭往南朝传信："可将仇人尼堪外兰送来，不然我必征汝矣。"遂回。

额亦都克巴尔达

明边吏遣使言："尼堪外兰既入中国，岂有送出之理？尔可自来杀之。"太祖曰："汝言不足信，莫非诱我入耶？"使者又言："若不亲往，可少遣兵去，即将尼堪外兰与汝。"太祖令斋萨带四十人往索之。及至，尼堪外兰一见，即欲登台趋避。而台上人已去其梯，尼堪外兰遂被斋萨斩之而回。明国因前误杀太祖父祖，自此每年与银八百两、蟒段十五匹，通和好焉。

丁亥年（1587），太祖于硕里口呼兰哈达[⑩]下东南河二道，一名嘉哈，一名硕里加河。中一平山，筑城三层，启建楼台。

太祖招抚扎海

六月二十四日定国政，凡作乱、盗窃、欺诈，悉行严禁。又率兵征哲陈部阿尔泰，克其山城，杀之。

八月内，令额亦都巴图鲁领兵取巴尔达城，额亦都承命前进，至浑河时水泛涨不能渡，遂以绳连军士之颈拽而渡之。额亦都领壮士数人，夜竖梯攻之。及登城，城上人迎敌，额亦都跨城垛而战，中伤约五十处，犹死战不退，城中人遂皆溃走，即乘势取其城而回。

太祖射柳于洞野

太祖领兵往攻洞城，克之，招降其城主扎海而回。

戊子年（1588）四月，有哈达国万汗孙女阿敏哲哲[11]，其兄代善[12]送

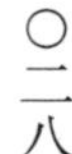

妹与太祖为妃，亲迎之至于洞〖地名。原注〗，坐旷野以待。时一人乘马带弓矢过于前，太祖讯左右为谁？左右对曰："栋鄂部[13]人，名钮翁锦，善射，本部无出其右者。"[14]太祖遂令人唤至。时，对面一柳，相距百余步，令射之。钮翁锦即下马挽弓射五矢，止中三矢，上下不一。太祖连发五矢皆中，众视之，五矢攒[15]于一处，相去不过五寸，凿落块木，而五矢始出。代善同妹至，太祖设宴成礼，遂纳之。

三部长率众归降

时有苏完〖苏完，地名也。原注〗之部长索尔果，率本部军民归，太祖以其子费英东为大臣。又，栋鄂部部长克辙孙何和里，亦率本部军民归，太祖以长公主嫩哲妻之，授以大臣之职。又，雅尔古部长扈拉瑚杀兄弟族众，率军民来归，将其子扈尔汉赐姓觉罗，为养子，亦授大臣之职。太祖遂招徕各部，环满洲而居者皆为削平，国势日盛。与明国通好，遣使往来，执五百道敕书，受年例金币。本地所产有明珠[16]、人参、黑狐、元狐、红狐、貂鼠、猞狸狲[17]、虎、豹、海獭、水獭、青鼠、黄鼠等皮，以备国用。抚顺、清河、宽甸、叆阳四处关口，互市交易，以通商贾，因此满洲民殷国富。

太祖兆佳城大战

初，太祖如叶赫，其国主扬吉努见其相貌非常，言："我有小女堪为君配，待长缔姻。"太祖曰："若缔姻，吾愿聘汝长女。"扬吉努答云："我非惜长女不与，恐不可君意。小女容貌奇异，或者称佳偶耳。”太祖遂聘之[18]。扬吉努故后，子纳林布禄于是年九月内，亲送妹于归。太祖率诸王、大臣迎之，大宴成婚，即天聪皇帝母也。

是年，太祖率兵攻完颜城，夕过栋兴阿地，忽天陨一星，其大如斗，光芒彻地，众马皆惊。兵至完颜城，克之，杀部长岱度墨尔根。

己丑年（1589），太祖率兵往攻兆佳城[19]部长宁古亲章京，太祖伏兵兆佳城下，城内兵百余出，遇伏兵射之，敌兵直冲太祖所立之处，欲奔入城，太祖独入百人中，手刃九人，余众四散，未得进城。围四日，其城将陷，我兵少懈，四出掳掠牲畜财物，喧哗争夺。太祖见之，解甲与大将鼐护曰：“我兵争此微物，恐自相残害，尔往谕禁之。”鼐护至，不禁人之掳掠，亦随众掠之。太祖将已绵甲复与巴尔太，令往取鼐护铁甲来，以备城内冲突，巴尔太复随众掳掠。忽城内十人突出，有族弟旺善被敌压倒于地，跨其身将以枪刺之。太祖一见，身无甲胄，挺身驰往，发一矢中敌面额，应弦而死。救起旺善，克其城，杀宁古亲而回。

太祖射敌救旺善

辛卯年（1591），太祖遣兵攻长白山鸭绿江部，尽克之而回。

时，叶赫国主纳林布禄，遣部下伊勒当、阿拜斯汉二人来谓太祖曰："乌拉、哈达、叶赫、辉发、满洲总一国也，岂有五王之理？尔国人众，我国人寡，可将额勒敏、札库木二处择一让我。"太祖答云："我乃满洲，尔乃呼伦，尔国虽大，我不得取；我国虽大，尔亦不得取。况国非牲畜可比，焉有分给之理？尔等皆执政之臣，不能竭力谏主，奈何觍颜[20]来相告耶？"言毕令回。

叶赫、哈达、辉发三国会议各遣使来，叶赫主纳林布禄差尼喀哩图尔德，哈达国主蒙格布禄差岱穆布，辉发国主拜音达哩差阿拉敏比至，太祖宴之。内图尔德起向太祖曰："我主有命遣我来言，欲言又恐触怒见责。"太祖曰："尔主之言与尔无干，何为责汝？如彼以恶言来，我亦以恶言往。"图尔德曰："昔索地不与，令投顺不从，两国若成仇隙，只有我兵能践尔境，谅尔兵敢履我地耶？"太祖闻言大怒，掣刀断案曰："尔主弟兄何尝亲与人交马接刃，碎烂甲胄经此一战耶？昔蒙格布禄、代善叔侄自相扰乱，如二童争骨[21]，尔等乘乱袭取。何故视我如彼之易也？尔地四周果有边垣之阻耶？吾即昼不能往，夜亦能至彼处，尔其奈我何？徒张大言胡为乎？昔我父被明国误杀，与我敕书三十道、马三十匹，送还灵榇，坐受左都督[22]敕书，续封龙虎将军大敕一道。每年输银八百两，蟒段十五匹。汝父亦被明国所杀，其尸骸汝得收取否？[23]"遂书前言，遣阿林察复之，谕之曰："尔到彼处，当面诵之。若惧而不诵，即住于彼处，勿复见我。"嘱毕令行。时，布斋贝勒预知，接至家欲视其书，阿林察将书当面朗诵，布斋曰："此书我已知之，何必送与吾弟？"阿林察曰："我主曾命对二主面诵，若止见贝勒，难复主命。"布斋曰："吾弟出言不逊，汝主恨之。诚是，但恐见此书怒责汝也。"言毕乃收其书，阿林察遂回。

时，满洲长白山所属珠舍哩、讷殷二路，同引叶赫兵将满洲东界叶臣所居洞寨劫去。太祖正坐楼上，诸将闻而告之，太祖曰："任伊劫去，岂有水能透山，火能逾河之理？珠舍哩、讷殷是我同国，乃敢远附异国之叶赫劫掠我寨？盖水必下流，珠舍哩、讷殷二部终为我有矣。"

癸巳年（1593年），叶赫国主布斋、纳林布禄贝勒因太祖不顺，纠合哈达国主蒙格布禄、乌拉国主满泰、辉发国主拜音达哩四国兵马，于六

太祖富尔佳齐大战

月内劫去瑚卜察寨[24]，太祖即率兵追之。时哈达兵已归，我兵直抵其国。是夜，太祖以步兵伏于中途，少带兵从，亦取哈达国富尔佳寨而回。时，

哈达国追兵至富尔佳齐寨，太祖欲诱敌至伏兵处，恐追兵复回，乃令兵前行，独身为殿以诱之。于是，敌兵追至，前一人举刀迎之，后三人并马来战。太祖自思后追者三人无妨，若前一人迎面劈来恐伤面目。欲射之时，敌在右不便于射，因转弓过马首射中敌人马腹，其马惊跃，后三人乘太祖发矢之会一齐杀来。太祖马惊几坠，幸右足扳鞍仅得复骑，发一矢射蒙格布禄马仆地。其家人泰穆布禄将自马与主乘之，泰穆布禄步奔而回。太祖仍率马兵三人，步兵二十余迎之，败其敌众，杀兵十二人，获甲六副，马十八匹而回。

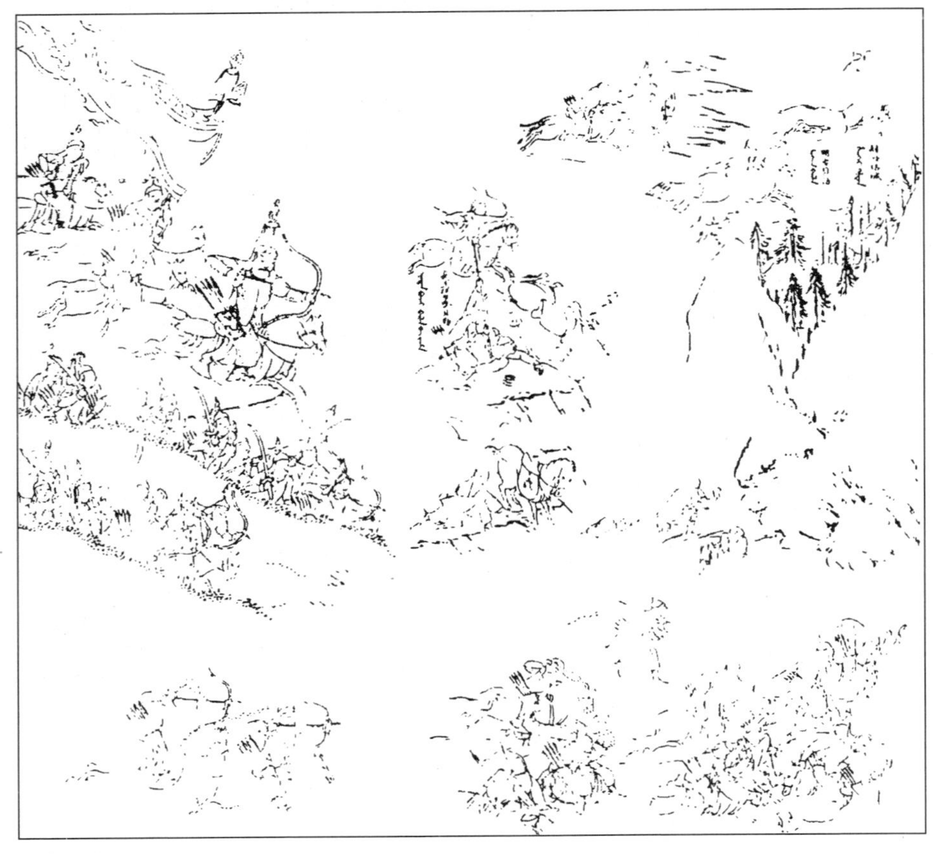

太祖大败九部兵

九月内，叶赫国主布斋、纳林布禄；哈达国主蒙格布禄；乌拉国布占泰〚满泰弟也。原注〛；辉发国主拜音达哩；嫩河蒙古科尔沁国主翁阿岱、莽古、明安；锡伯部[25]；卦勒察部；珠舍哩路主裕楞额；讷殷路主搜稳、塞克什。九国兵马会聚一处，分三路而来。太祖闻之，遣兀里堪东探，约行百里，至一山岭，乌鸦群噪，不容前往，回时则散，再往，群鸦扑面。兀里堪遂回，备述前事，太祖曰："可从扎喀向浑河探之。"及至夕，见浑河北岸敌兵营火如星密，饭罢即起行，过沙济岭。兀里堪探的，飞报太祖，言敌国大兵将至。时近五更矣，太祖曰："人言叶赫国不日兵来，今果然也。我兵夜出恐城中人惊，待天明出兵，传谕诸将。"言毕复寝。衮代皇后推醒太祖，曰："今九国兵马来攻，何故盹睡？是昏昧耶？抑畏惧耶？"太祖曰："畏敌者必不安枕，我不畏彼，故熟睡耳。前闻叶赫兵三路侵我，来期未的，我心不安。今日已到，我心始定。我若有欺骗处，天必罪我，我当畏之。我承天命，各守国土，彼不乐我安分，反无故纠合九部之兵欺害无辜之人，天岂佑之？"言讫复睡，以息精神。天明饭毕，率诸王、大臣谒庙，再拜祝曰："天地三光[26]万灵神祇[27]，我努尔哈赤与叶赫本无事故[28]，今彼引兵攻我，惟天鉴察。"又拜祝曰："愿天令敌垂首，佑我奋扬，兵不遗鞭，马无颠踬。"叩祝毕，率兵至拖克索寨，立于津渡处，谕之曰："尔等可尽解臂手顿项[29]留于此，若伤肱伤颈，唯命是听。不然身受拘束，难以胜敌。我兵轻便，必获全胜矣。"众遵令尽解之。行至扎喀处，有城守鼐护山坦来告曰："叶赫兵辰时已到，围札喀关，见势不能克，往攻赫济格城，敌兵甚多。"众皆失色，有扎喀一人名郎塔哩后至，呼曰："贝勒何在？我兵见有几何？"言讫，登山望敌形势，向太祖曰："若以来兵为多，我兵亦不少。昔与明国交战，彼兵漫山遍野，我兵二三百尚败其众。今我兵有胆气骁勇，必败此兵。若不胜，我甘军法。”于是，众心稍安。太祖遣人往探，曰：“来兵若欲回，今晚即击之；否则，明日再战。”哨探报，敌兵扎立营寨，搬运粮草。太祖亦安营。

是晚，叶赫营中一人逃来曰：“叶赫布斋贝勒、纳林布禄贝勒兵一万，哈达蒙格布禄贝勒、乌拉布占泰贝勒、辉发拜音达哩贝勒兵一万，蒙古科尔沁翁阿岱贝勒、莽古斯贝勒、明安贝勒、锡伯部卦勒察兵一万，共兵三万。”我兵闻之，又皆失色。太祖曰：“尔众无忧，我不使汝等至于苦战。吾立险要之处诱彼来战，彼若来时，吾迎而敌之；诱而不来，吾等步行四面分列，徐徐进攻。来兵部长甚多，杂乱不一，谅此乌合之众退缩不前。领兵前进者必头目也，吾等即接战之。但伤其一二头目，彼兵自走。我兵虽少，并力一战可必胜矣。”次日平明[30]起兵，叶赫兵先攻赫济格城未下，是日又攻时太祖兵到，立阵于古埒山险要之处，与赫济格城相对。令诸王、大臣等各率固山[31]兵分头预备，布阵已完，遣额亦都领兵一百挑战。叶赫见之，遂不攻城，收兵来敌。满洲兵一战杀九人，叶赫兵稍退。有布斋、锦台什[32]及科尔沁三贝勒，领兵合攻一处。时布斋先入，所骑之马被木撞倒。有满洲一卒名武谈，即向前骑而杀之，其兵大败。叶赫贝勒等见布斋被杀皆痛哭，其同来贝勒等大惧，并皆丧胆，各不顾其兵四散而走。明安马被陷，弃鞍赤身体无片衣，骑骣[33]马脱出。太祖纵兵掩杀，尸满沟渠。杀至哈达国柴河寨南渥黑运之处，是夜结绳拦路，杀败兵甚众。

次日，一人生擒布占泰，跪见太祖曰：“我得此人欲杀之，彼自呼毋杀，许与赎赀因此缚来。”太祖问曰：“尔何人也？”其人叩首答曰：“我畏杀未敢明言，我乃乌拉国满泰之弟布占泰。今被擒，生死只在贝勒。”

太祖曰："汝等会九部之兵欺害无辜，天压汝等，昨日布斋已经杀死，彼时若得汝亦必杀矣。今既来见，岂肯杀汝？语云：'生人之名胜于杀，与人之名胜于取。'"遂释其缚，赐猞狸狲裘养之。是战也，杀其兵四千，获马三千匹，盔甲千副。满洲自此威名大震。

初，珠舍哩部长裕楞额章京，曾胁九部兵来，故太祖十月内遣兵招服之。

又，纳殷部搜稳、塞克什二人，聚七村人据佛多和山而居。太祖于闰十一月，命额亦都、噶盖扎尔固齐、硕翁科罗三人，领兵一千，围佛多和山，日往攻击，三月而下，斩搜稳、塞克什，即日回兵。

甲午年（1594），蒙古科尔沁部明安贝勒、喀尔喀部劳萨贝勒始遣使往来。于是，蒙古各部长遣使往来不绝。

乙未年（1595）六月，太祖领兵伐辉发部拜音达哩贝勒，克取多璧城，斩守将克充格、苏蒙格二人而回。

丙申年（1596）二月内，明国遣官一员，高丽国亦遣官二员，从者共二百人来，太祖令部兵尽甲，亲迎至妙洪科地界，接入大城以礼相待，公事毕，辞别而去。

群鸦路阻兀里堪

先阵中所擒布占泰恩养四载，至是七月，太祖欲放归，令图尔坤煌占、博尔坤斐扬古二人护送。未至其国时，布占泰兄满泰父子二人，往所属苏斡延锡兰[34]处修边凿壕，父子淫其村内二妇，其夫夜入，将满泰父子杀之。及布占泰至日，满泰叔父兴尼雅贝勒谋杀布占泰欲夺其位，其护送二大臣

三将围攻佛多和山城

保守门户甚严，不能加害。于是，兴尼雅投叶赫而去，布占泰遂继兄位为乌拉国主，护送二人辞回。

十二月，布占泰感太祖二次再生，恩犹父子，将妹滹奈送太祖弟舒尔哈齐贝勒为妻，即日设宴成配。

丁酉年（1597），叶赫、乌拉、哈达、辉发同遣使曰："因吾等不道，以至于败兵损名。今以后吾等更守前好，互相结亲。"于是，叶赫布扬古妹[35]欲与太祖为妃，锦台什女欲与太祖次子代善贝勒为妻，太祖乃备鞍马、盔甲等物以为聘礼。更杀牛设宴，宰白马削骨，设酒一杯，肉一碗，血、土各一碗，歃血会盟[36]。四国相继而誓曰："自此以后若不结亲和好，似此屠牲之血、蹂踏之土、剐削之骨而死。如践盟和好，食此肉、饮此血，福寿永昌。"誓毕，太祖亦誓曰："汝等应此盟言则已，不然吾待三年，果不相好，必统兵伐之。"后蒙古得罪太祖，命穆哈连伐之，获马四十匹。时，纳林布禄背盟，将所获尽夺之。仍擒穆哈连送与蒙古，又将锦台什之女与蒙古喀尔喀部斋赛贝勒结亲。其布占泰亦因与叶赫通好，将满泰妻都都祐氏所珍铜锤遣使送与纳林布禄，又将满洲所属瓦尔喀部内安楚拉、库内河二处路长罗屯、噶什屯、旺吉努三人许献叶赫，请其使而招服之。

太祖恩养布占泰

戊戌年（1598）正月，太祖命幼弟巴雅喇台吉[37]、长子褚英台吉与噶盖、费英东扎尔固齐等，领兵一千征安楚拉库。星夜驰至，取其屯寨二十处，其余尽招服之，

获人畜万余而回。于是，赐褚英台吉名洪巴图鲁，巴雅喇台吉名卓礼克图。

是年，哈达蒙格布禄贝勒所居城北，有血自溪流。十二月，布占泰不忘其恩，带从者三百来谒，太祖以弟舒尔哈齐贝勒女额实泰妻之；盔甲五十副；敕书十道，以礼往送。

太祖克多壁城

注释：

① 锋镝：锋是刀刃，镝是箭头，泛指兵器，也喻战争。

② 此段，满、汉两体文本归于卷一。

③ 殿后，行军时为掩护部队而走在最后。

④ 羸，音雷，指瘦弱之马。

⑤ 苏库赉呼，满、汉两体文本为“苏枯赖虎”。

⑥ 章京，清代官名，泛指都统、副都统和各衙门办理文书的人员。

⑦ 鍪，音谋。古时作战时戴的头盔。

⑧ 诺漠珲，满、汉两体文本为“诺莫混”。

⑨ 克贝欢寨，满、汉两体文本为播混山城，浑河部所属。

⑩ 呼兰哈达，地名，满语呼兰，汉译作烟筒；哈达，汉译作峰或崖。地点在今辽宁省新宾县老城之西侧，永陵对面。

⑪ 哲哲，蒙古语中的哲哲，类似于汉语中称呼的“姐姐”。阿敏哲哲，为扈尔汉贝勒之女。

⑫ 代善，汉译又称歹商，非努尔哈赤之子代善。

⑬ 栋鄂部，也作董鄂部，建州女真部落之一。地处今辽宁省桓仁县浑江流域及富尔江下游一带，明万历十六年被努尔哈赤兼并。

⑭ 无出其右，右者为强也，古人以右为尊，意为无人堪比。

⑮ 攒，指聚在一起。

⑯ 明珠，即东珠，亦称北珠、美珠。产自东北黑龙江、松花江淡水河蚌腹中。因晶莹透彻、圆润硕大被女真人视为珍品。

⑰ 猞狸狲，野猫之一种，毛皮珍贵，女真人常以穿猞狸狲外装为尊。

⑱ 扬吉努小女，即曰孟古者，生于明万历三年（1575），后为努尔哈赤之侧福晋，皇太极之生母。死后被追封为孝慈高皇后。

⑲ 兆佳城，建州女真浑河部之城，地点在今辽宁省新宾县下营子附近。

⑳ 觍，音舔，形容厚着脸皮。

㉑ 争骨，系满族儿童的一种掷骨游戏，亦称“抓嘎拉哈”，其具用猪、羊后腕骨做成，四面各异，持四枚抛落，四枚面一致者为胜，或一手抛掷半空，上下各取之而不动局面者为胜。女真人亦称之为“罗丹”。乾隆帝东巡见之赋诗曰：“投石军中以戏称，手弹腕骨俗相仍。得全四色方愉快，何必三枭始绝胜……”

㉒ 左都督，官名，古时的地方军事长官。

㉓ 指市圈计赚杀叶赫“二努”事件，“二努”尸骨无还，以此奚落对方。

㉔ 瑚卜察寨，满、汉两体文本为户布察寨。系建州北界所属城寨。

㉕ 锡伯部，满、汉两体文本为“席北部”。

㉖ 三光，泛指日光、月光、星光。

㉗ 神祇，祇音齐，泛指神明，系神的总称。

㉘ 事故，多指意外发生的不幸事情，这里指宿怨。

㉙ 臂手顿项，指古人手、项平时佩带的饰物。

㉚ 平明，指拂晓后天刚亮的时候。

㉛ 固山，清初八旗兵编制，五牛录为一甲喇，五甲喇为一固山。

㉜ 锦台什，即金台石，系满、汉文互译时形成的同音异书。扬吉努之子，叶赫东城贝勒纳林布禄之弟。

㉝ 骣，音产，骣马，指骑马不加鞍辔。

㉞ 苏斡延锡兰，满、汉两体文本为“苏瓦烟席拦”。

㉟ 布扬古妹，即后来被称之为叶赫老女者。海西女真各部间及建州

部努尔哈赤因争此美女而相互构怨。

㊱ 歃血会盟，古时举行盟会时，将嘴唇涂上牲畜的血，以示诚意。

㊲ 台吉，满族统治者对下属的封爵，位次辅国公，一般分为四等。

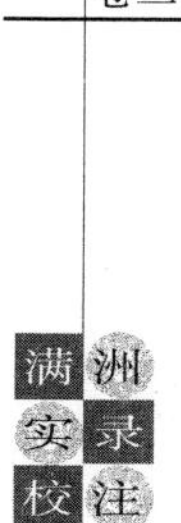

满洲实录　卷三

己亥岁至癸丑岁（明万历二十七年至四十一年）

王格、张格来贡

己亥年（1599）正月，东海窝集部内瑚尔哈路二路长王格、张格率百人来贡土产，黑、白、红三色狐皮，黑、白二色貂皮。自此窝集瑚尔哈部内所居之人每岁入贡。其中路长博济哩等六人乞婚，太祖以六大臣之女配之，以抚其心。时，满洲未有文字，文移[①]往来必须习蒙古书，译蒙古语通之。

二月，太祖欲以蒙古字编成国语，巴克什、额尔德尼、噶盖对曰：“我等习蒙古字始知蒙古语，若以我国语编创译书，我等实不能。”太祖曰：“汉人念汉字，学与不学者皆知；蒙古之人念蒙古字，学与不学者亦皆知，我国之言写蒙古之字，则不习蒙古语者不能知矣。何汝等以本国言语编字为难，以习他国之言为易耶？”噶盖、额尔德尼对曰：“以我国之言编成文字最善，但因翻编成句吾等不能，故难耳。”太祖曰：“写阿字下合一玛字，此非阿玛〖阿玛，父也。原注〗乎？额字下合一默字，此非额默〖额默，母也。原注〗乎？吾意决矣，尔等试写可也。”于是，自将蒙古字编成国语颁行，创制满洲文字自太祖始。

三月，始炒铁[②]开金银矿。

是时，哈达国蒙格布禄与叶赫国纳林布禄因隙构兵[③]，力不能敌。蒙格布禄以三子与太祖为质[④]乞援，太祖命费英东、噶盖二人领兵二千往助。纳林布禄闻之，遂令明之开原通事，赍书与蒙格布禄曰：“汝执满洲来援之将挟赎质子，尽杀其兵。如此，汝昔日所欲之女吾即与之为妻，二国仍旧和好。”蒙格布禄依言，约叶赫人于开原，令二妻往议。太祖闻之，九月发兵征哈达。太祖弟舒尔哈齐贝勒曰：“可令我为先锋，试看若何？”太祖命领兵一千前进。行至哈达国，哈达兵出城拒之。舒尔哈齐按兵不战，向太祖曰：“有兵出城迎敌。”太祖曰：“此来岂为城中无备也？”怒斥舒尔哈齐贝勒曰：“汝兵向后！”即欲前进时，舒尔哈齐贝勒兵尚阻路，遂绕城而行。城上发矢，军中伤者甚多。至初七日攻得其城，有大臣扬古利擒蒙格布禄来报，太祖曰：“勿杀。”召至前跪见毕，太祖以己之貂帽及豹裘赐而养之。哈达国所属之城尽招服之，其军士器械、民间财物、父母妻子俱秋毫无犯，尽收其国而回。自此哈达国遂亡。后太祖欲以女与蒙格布禄为妻，放还其国。适蒙格布禄淫恶不法，又与噶盖通谋欲篡位。事泄，蒙格布禄、噶盖与通奸女俱伏诛。

太祖养蒙格布禄

辛丑年（1601）正月，太祖将莽古吉公主与蒙格布禄子武尔古岱[5]为妻，明万历帝不喜，使人来告曰：“汝何故破哈达掳其人民？今可令武尔古岱复国。”太祖乃勉从其言，仍令武尔古岱带其人民而还。后，叶赫纳林布禄率蒙古兵频侵哈达，太祖告明万历帝曰：“吾已从命，令武尔古岱还国矣。今叶赫国率兵屡次侵掠，何故以吾所获之国受制于叶赫？”明万历帝不听。时，哈达国饥，人皆无食，向明之开原城祈粮不与，各以妻子、奴仆、牲畜易而食之。太祖见此流离[6]，仍复收回。

是年，太祖将所聚之众，每三百人内立一牛录额真管属。前此，凡遇行师出猎，不论人之多寡，照依族寨而行。满洲人出猎开围之际，各出箭一支，十人中立一总领，属九人而行，各照方向不许错乱。此总领呼为牛录额真[7]，于是，以牛录额真为官名。

十一月内，乌拉国布占泰送满泰之女[8]与太祖为妃，太祖以礼迎之，大宴成婚。布占泰先聘叶赫布斋之女，后又聘蒙古科尔沁明安之女，以盔甲十副；貂裘、猞猁狲裘共十领[9]；羊裘十领；金银各十两；骆驼六只；马十匹；鞍辔俱备，为聘礼。明安受其礼，食言不与，布占泰耻之，仍欲聘太祖之女，遂遣使求于太祖曰："昔擒我于阵中留养之，令为乌拉国主，以女妻我。前未经岳丈知，曾以币物聘叶赫并蒙古之女，蒙古受礼而悔亲。岳丈既恩我，若宥[10]我不告之罪，再结一亲，递相往来。"太祖允之，又以弟舒尔哈齐贝勒女娥恩哲，至癸卯年（1603）遣大臣以礼往送为婚。

后，太祖从呼兰哈达南岗移于赫图阿拉处[11]筑城居住，宰牛羊三次，犒赏夫役。

是年，中宫皇后疾笃[12]，思母一会，太祖遣人至叶赫往请，后兄纳林布禄阻之，止令家人南太来。太祖曰："我未获罪于舅，前掠我户布察寨，后复率九国兵来侵我。汝叶赫、哈达、乌拉、辉发因前加兵侵我，曾自任其非，各许互相结亲，宰白马已当天盟誓。今汝叶赫背前盟，将我所聘之女另与蒙古[13]。今尔妹病笃，永诀之际，欲母一见，汝不容相会，是与我断好矣。既如此，我何必讳言？自今后两家已成敌国，我将筑城汝地，日为仇杀。"言讫，令南太回。

九月内，中宫皇后薨。后姓纳喇，名孟古哲哲。乃叶赫国扬吉努贝勒之女，年十四适太祖。其面如满月，仪范端淑，器量宽洪，庄重恭俭，聪颖柔顺。见逢迎而心不喜，闻恶言而色不变。口无恶言，耳无妄听。不悦委曲谗佞辈，适合太祖之心，始终如一，毫无过失。太祖深为悼惜，将四婢殉之，宰牛、马各一百致祭。斋戒[14]月余，日夜思念，痛泣不已，将灵停于院内三载，方葬于尼雅满山。于是，太祖恨叶赫不令母子相会之仇，遂于甲辰年(1604)正月初八日率兵往攻，十一日至叶赫国二城：一曰璋；一曰阿奇兰[15]，俱克之。收二城七寨，人畜二千余，即班师。

乙巳年（1605）三月，于城外复筑大郭，宰牛羊犒赏夫役五次。曩时卖参与明国，以水浸润，明人嫌湿推延。国人恐水参难以耐久，急售之价又甚廉，太祖欲煮熟晒干，诸臣不从。太祖不徇[16]众言，遂煮晒徐徐发卖，果得价倍常。

是年，蒙古喀尔喀巴约特部达尔汉贝勒之子恩格德尔台吉，进马二十四来谒。太祖曰：“越敌国而来者，不过有所希图而已。”遂厚赏之。

丙午年（1606）十二月，恩格德尔又引蒙古喀尔喀部五贝勒之使进驼、马来谒，尊太祖为昆都仑汗[17]。从此，蒙古朝贡不绝。

丁未年（1607），东海瓦尔喀部斐优城主策穆特赫谒太祖曰：“吾地与汗相距路遥，故顺乌拉国主布占泰贝勒。彼甚苦虐，吾辈望往接吾等眷属，以便来归。太祖令弟舒尔哈齐与长子洪巴图鲁贝勒、次子代善贝勒与大将费英东、扈尔汉等，率兵三千往斐优城搬接。是夜阴晦，忽见旗有白光一耀，众王、大臣尽皆惊异，以手摩之竟无所有，竖之复然。舒尔哈齐贝勒曰：“吾自幼随征，无处不到，从未见此奇怪之事，想必凶兆也。”欲班师。洪巴图鲁、代善二王曰：“或吉或凶，兆已见矣，果何据而遂欲回兵？此兵一回，吾父以后勿复用尔我矣。”言讫，率兵疆[18]进，至斐优城，收四周屯寨约五百户。先令费英东、扈尔汉领兵三百护送，不意乌拉国布占泰发兵一万截于路。扈尔汉见之，将五百户眷属扎营于山巅，以兵百名看守，一面驰报众贝勒，一面整兵二百占山列营，与敌兵相持经

恩格德尔来上尊号

一夜。次日，乌拉兵来战，大将扬古利率众奋力交锋，杀乌拉兵七人，我兵只伤一人。敌兵退回，渡河登山，畏惧无复敢来，两军扎营相持。是日未时，三王率兵齐至见之，洪巴图鲁、代善二王策马奋怒曰："吾父素善征讨，今虽在家，吾二人领兵到此，尔众毋得忧惧。布占泰曾被我国擒捉，铁索系颈，免死而主其国。年时未久，布占泰犹然是人，其性命从吾手中

释出，岂天释之耶？尔勿以此兵为多，天助我国之威，吾父英名夙著，此战必胜。”众皆曰：“吾等愿效死力。”遂奋勇渡河，洪巴图鲁、代善二王各领兵五百，二路登山而战，直冲入营，乌拉兵遂败。有博克多贝勒被代善王左手捉其盔顶，杀之，其子亦被杀。生擒常住父子并胡里布，杀兵三千，获马五千匹，甲三千副。时，追杀败兵之际，舒尔哈齐贝勒原率五百兵落后，立于山下，至是方驱兵前进，又被大山所阻，及绕山而来，未得掩杀大敌。

扬古利战退乌拉兵

是日晴明，霎然阴云大雪，其被伤敌兵冻死甚多。及班师，太祖赐弟舒尔哈齐名为达尔汉巴图鲁。褚英奋勇当先，赐名为阿尔哈图图们。代善与兄并力进战，杀博克多，赐名为古英巴图鲁。常书、纳齐布二将，负太祖所托，不随两贝勒进战破敌，领兵百名与达尔汉贝勒立于一处，因定以死罪。达尔汉巴图鲁恳曰："若杀二将，即杀我也。"太祖乃宥其死，罚常书银百两，夺纳齐布所属人民。

五月，太祖令幼弟卓礼克图贝勒、大将额亦都、费英东、扈尔汉辖等，率兵一千往征东海窝集部。取赫席赫、鄂谟和苏噜佛讷赫三处，获人畜

洪巴图鲁代善贝勒败乌拉兵

二千而回。

太祖灭辉发国

九月六日夜，有气从星出，向东直冲辉发国，七八夜方没。又有气自西方从星出，月余方没。时，辉发国拜音达哩贝勒族众多投赴叶赫，其部属亦有叛谋。拜音达哩闻之，以七臣之子为质借兵于太祖，太祖以兵一千助之。有纳林布禄赚拜音达哩曰："尔若撤回所质之人，吾即反尔投来族众。"拜音达哩信其言，乃曰："吾将安居于满洲、叶赫之间矣。"遂撤回七臣子，复以子与纳林布禄为质，纳林布禄竟不反其族众。拜音达哩复遣其臣告太祖曰："曩者，误信纳林布禄赚言，今仍欲倚汗为生。乞将汗女先欲许常书之子者赐我为婚。"太祖遂息常书之议而许之。后拜音达哩背盟不娶。太祖遣使谓之曰："汝曾助叶赫二次加兵于我，今又聘吾女而不娶，何也？"

拜音达哩饰词以对曰："吾曾质子于叶赫，俟质子归，吾即往娶，与尔合谋矣。"随将城垣修筑三层以自固，质于叶赫之子亦撤回。于是，太祖复遣使曰："今质子已归，汝意又何如也？"拜音达哩恃城垣已固，遂绝亲。太祖即于九月九日率兵往伐其国，十四日兵到，即时克之。杀拜音达哩父子，屠其兵，招服其民，遂班师。辉发国从此灭矣。

戊申年（1608）三月，太祖令子阿尔哈图图们及侄阿敏台吉，领兵五千，往乌拉部围宜罕山城，克之。杀千余人，获甲三百副，尽收人畜而

阿尔哈图图们、阿敏贝勒克宜罕山城

回。时，乌拉布占泰与蒙古科尔沁翁阿岱贝勒合兵，出乌拉城约二十里，遥见我兵之势难敌，遂回。

是年，太祖欲与明国和好，谓群臣曰："俗言，一朝为恶而有余，终身为善而不足。今欲与明国昭告天地以通和好。"言毕，遂会辽阳副将抚顺所[19]备御宰白马祭天，刻誓辞于碑曰："各守两国边境，敢有窃逾者，

额亦都招九路长见太祖

无论满洲与汉人，见之即杀。若见而不杀，殃及于不杀之人。明国若负此盟，广宁巡抚、总兵、辽阳道副将、开原道参将等官必受其殃。若满洲国负此盟，满洲必受其殃。"誓毕，沿边立碑以为记。

布占泰见其宜罕山城被克，大惧，遣使往来，欲守前好。于九月擒叶

赫五十人付太祖之使杀之。自此，布占泰遣其臣来求曰："吾累次背盟，获罪于恩父，诚无颜面，若得恩父之女与我为妻，吾永赖之。"太祖复将生女穆库什公主妻之，遣侍臣以礼仪往送。

己酉年（1609）二月，太祖遣使致书于明国曰："邻朝鲜境瓦尔喀部众皆吾所属，有入朝鲜者可传谕查与。"于是，明万历帝遣使谕朝鲜国，

阿巴泰取乌尔古宸木伦

查千余户归之。

十二月，太祖命扈尔汉辖领兵一千，征东海窝集部所属瑚叶路[20]，克之，获人畜二千而还。因有功，赏扈尔汉辖盔甲、马匹，仍赐名达尔汉辖。

时，窝集部内绥芬路长图楞，乃夙附太祖者，被本部雅兰路人掳去。

庚戌岁（1610）十一月，太祖命额亦都领兵一千，往窝集部内那木都鲁、绥芬、宁古塔、尼马察四路，将其路长康古礼喀克笃礼、昂古明噶图、乌鲁喀僧格尼喀里、瑭松噶叶克书等尽招服之，令其举家先赴满洲。复领兵击雅兰路，获人畜万余而回。

三将克扎库塔

辛亥年（1611）二月，太祖查本国寒苦旷夫[21]千余皆给配，中有未得者，发库财与之，令其自娶。于是民皆大悦。

七月，太祖命子阿巴泰台吉、费英东、硕翁科罗等领兵一千，讨窝集部内乌尔古、宸木伦二路，皆取之。

八月十九日，太祖同胞弟达尔汉巴图鲁薨[22]，年四十八岁。生六子，长曰阿敏，次曰扎萨克图，三曰图伦，四曰斋桑古，五曰济尔哈朗，六曰篇古。

时，东海瑚尔哈部内扎库塔处居民来附，太祖赐甲三十副。此民将所赐之甲送与窝集部内萨哈连处居人，披于木上射之。又受乌拉国布占泰招抚布匹。

十二月，命何和里额驸[23]、额亦都、达尔汉辖三人领兵二千，征瑚尔哈路，围扎库塔城三日，招之而不服，遂拔其城，杀兵一千，获人畜二千。相近各路皆招服，将图勒伸、额勒伸二路长及人民五百户，收之而回。

壬子年（1612），昔蒙古科尔沁部明安贝勒，尝从叶赫九部兵来，战败，乘骣马逃回，至是已二十年矣。太祖闻其女颇有淑范[24]，遣使欲娶之。明安贝勒遂拒他部之请送其女来，太祖以礼亲迎，大宴成婚。时，布占泰复背盟，掠太祖所属窝集部内瑚尔哈路二次，及欲娶太祖所定叶赫国布斋贝勒之女，又以骲箭射太祖侄女娥恩哲，太祖闻之大怒。遂于九月二十二日领大兵往征之。二十九日至乌拉国，太祖张黄盖[25]鸣鼓乐，沿乌拉河岸而行。布占泰领兵出城迎敌至河边，见满洲兵盔甲鲜明，兵马雄壮，众皆失色无斗志。太祖遂沿岸而下，克其五城，直抵于河西岸，距布占泰居城二里，克其金州城安营。

十月初一日，太祖出营以太牢告天祭旗，忽见东南有气青白二色，直冲乌拉城北。我兵屯留三日，遣兵四出，尽焚其粮。乌拉兵昼则出城对垒于河边，夜则入城歇息。太祖二子莽古尔泰贝勒、皇太极贝勒欲渡河击之，太祖曰：“不然，汝等出言毋若浮面取水之易也，须探其底里耳。欲伐大木，岂能骤折？必以斧斤伐之，渐至微细然后能折。相等之国，欲一举取之，岂能尽灭乎？且将所属城郭尽削平之，独存其都城。如此则无仆，无仆何以为主？无民何以为君？”遂毁所得六城，焚其房谷，回

太祖率兵伐乌拉

至富尔哈河安营。布占泰令吴巴海巴图鲁乘舟而来，立于舟上，呼曰：“恩父汗兴兵无非乘怒而来，今恩父之怒已息，可留一言而去。”如此遣使三次。布占泰又亲率六将乘舟来至河中，于舟上顿首呼曰：“乌拉国即恩父之国也，焚粮之火可息乎？”太祖披明甲乘白马，率诸王、大臣直出众军，

前至河中，水及马腹，厉声曰："布占泰！先擒汝于阵中，已死之身吾养之，释为乌拉国主，仍以三女妻之。今欺蔑皇天后土，背七次盟言，掳吾所属瑚尔哈路二次，又欲强娶吾已聘叶赫之女，又以骲箭射吾女。吾将女嫁汝异国，原为匹偶，曾令汝以骲箭射之乎？若吾女所为不善，当来告我。天生爱新觉罗人，曾被谁责辱？汝试言之。百世以前汝或不知，十

太祖义责布占泰

世以来汝岂不知？脱有之，则汝射之为是，我兵之来诚非若其无之，尔何故射吾女？此受辱之名我将匿之于心乎？抑将徒报于九泉乎？语云：'宁销其骨，莫毁其名。'吾非乐于举兵，闻射吾女，故亲举兵来。"布占

泰对曰："或者人以谗言，令吾父子不睦。若果射汝女，欲娶汝婚，上有天在。吾今在水上，龙神亦鉴之。似此谗言，皆虚妄耳。"布占泰部将拉布太扎尔固齐继言曰："汗有此怒，盍遣一使来问？"太祖曰："拉布太！我部下岂无似汝之人，汝尚以射吾女为无此事，娶吾婚为妄言耶？若事有不实须再问，事已的矣，何以问为？此河安有不结冰之日？吾兵岂有不复临之理？彼时汝能当吾之刀乎？"布占泰大惊，止拉布太勿言。布占泰弟喀尔喀玛哀恳曰："汗若宽大其度，请决一言而行。"太祖曰："尔果未射吾女、娶吾婚，可将汝子并大臣之子为质，方见其真。不然，吾不信也。"言毕，遂回营。在乌拉国存五日，至乌拉河边，于鄂勒珲通处[26]伊玛呼山上，以木为城，留兵一千而回。

十二月，有白气起自乌拉国，越太祖宫楼，南直至呼兰山。自此，太祖以布占泰或有和好之意。延及一年，又闻布占泰欲将女萨哈簾、男绰启鼐及十七臣之子送叶赫为质，娶太祖所聘之女，又欲囚太祖二女。

癸丑年（1613）正月，亲率大兵往征之。布占泰拟十八日送子与叶赫为质，太祖大兵十七日已至，攻取孙扎泰城。领兵前进，克郭多、鄂谟二城。屯兵次日，布占泰率兵三万，越富尔哈城迎敌。太祖部下领兵诸王、大臣欲抵敌，太祖止之曰："岂有伐大国能遽使之无孑遗乎？[27]"仍将前谕之言复申之。太祖子古英巴图鲁、侄阿敏及费英东、何和里额驸、达尔汉辖、额亦都、硕翁科罗等奋然曰："初恐布占泰不出城，尚议计赚之。今彼兵既出，舍此不战兴兵何为？厉兵秣马何用？布占泰倘娶叶赫女，其耻辱当何如？后虽征之无益矣。今人强马壮，既至此，可与一战。"太祖曰："两国兵连，必吾与诸王及五大臣身先之，但惜诸王、大臣等恐有

一二见伤，非为吾身怯惧而止之也。”乃怒而言曰：“蒙皇天眷助，吾自

太祖败乌拉兵

幼于千百军中，孤身突入，弓矢相交，兵刃相接，不知几经鏖战。今既欲战，即当战。”言毕，遂披甲进战。其诸王、大臣、军士惟恐不战，正疑虑间，及闻进战皆欣跃，欢声如雷，震动天地。军士尽甲，太祖决破敌下城之策，谕军士曰：“倘蒙天佑，能败敌兵，可乘势夺门取城。”遂前进。布占泰率三万兵步行，列阵以待。两军相距百步，满洲兵亦下马进战。太祖见两军之矢如风发雪落，声如群蜂，杀气冲天，心中奋甚，遂杀入。诸王、大臣、军士皆奋勇冲击，乌拉兵遂败，十损六七，其余抛戈弃甲四散而逃。满洲

兵乘势飞奔，夺门遂取其城。太祖登城坐西门楼上。时，布占泰领败兵不满百，奔城而来。其城早已被克，上竖太祖旗帜，遂大惊。及奔回，被古英巴图鲁领一旅精兵截之，布占泰见势不能敌，遂冲突而走，折兵大半，余皆溃散，布占泰仅以身免，投叶赫国去。获马匹、盔甲、器械无算，乌拉国所属城邑皆归附。存兵十日，升赏有功将士。乌拉兵败后，有觅妻子投来者，尽还其眷属约万家。其余人畜散与众军，即回兵。乌拉国自此灭矣。

太祖乘势取乌拉城

注释：

① 文移，指公文。移，泛指笺表之类。

② 炒铁，炒矿沙炼铁，明代作为一种刑罚，让重罪犯人从事这种繁重的劳动。

③ 因隙构兵，指因发生纠纷、怨恨而交战。

④ 质，即人质。古时交战双方为示和好遂将亲人交与对方做抵押。

⑤ 武尔古岱，满、汉两体文本为“吴尔古代”。

⑥ 流离，指臣民因灾荒战乱而流转离散。

⑦ 牛录，汉语为大箭，额真，汉语为主也。

⑧ 满泰之女，即阿巴亥，阿济格、多尔衮、多铎之生母，太祖崩，命其殉葬。

⑨ 领，量词，长袍或上衣一件称一领。

⑩ 宥，音又，宽恕、原谅。

⑪ 赫图阿拉，乃爱新觉罗氏祖居地也。赫图，汉译为横；阿拉，汉语译作山冈。明万历三十一年，努尔哈赤在此始建内城，三十三年建外城，四十四年建后金政权，是为都城。天聪八年，皇太极尊此地为天眷兴京。

⑫ 疾笃，指病势沉重。中宫皇后，即叶赫之女孟古者，皇太极之生母。

⑬ 指布寨之女，后人称之为老女者，此时已另嫁蒙古喀尔喀贝勒之子莽古尔岱。

⑭ 斋戒，旧时在祭祀时为示虔诚，需沐浴更衣、戒食酒荤、不与妻妾同寝等。

⑮ 叶赫国二城，史称东、西二城，东城为扬吉砮所居守，西城为清佳砮所居守。后东城贝勒为扬吉砮之子金台石，西城贝勒为清佳砮之孙

布扬古。

⑯ 不徇，指不依从。

⑰ 昆都仑汗，译成汉语为恭敬之意。

⑱ 疆进，这里指强行前进。

⑲ 抚顺所，明代驻兵之地，分千户所、百户所，今只用于地名。

⑳ 瑚叶路，满、汉两体文本为“滹野路”。

㉑ 旷夫，成年而无妻室的男子。

㉒ 达尔汉巴图鲁，即舒尔哈齐。舒尔哈奇之死，几笔略过，因而，成为史上一大疑案。

㉓ 额驸，满语，即驸马。

㉔ 淑范，和善而美好，常指德容兼备之女。

㉕ 张黄盖，古时皇帝出行仪仗所用的一种伞盖。

㉖ 鄂勒珲通，满、汉两体文本为“俄尔红童”。

㉗ 遽，急速；孑遗，剩余。此句意为要征服一个大国，须待时日，否则很难使之彻底消亡。

满洲实录　卷四

癸丑岁至天命三年四月（明万历四十一年至四十六年）

太祖招抚扈实木、伞坦

太祖谓诸王、大臣曰："为国之道，心贵忠，谋贵密，法令贵严。至于泄密谋慢①法令者，无益于至道，乃国之祟也。吾所言果皆是欤？若有拂戾②处，汝等勿面从。一人之智虑几何？汝等之言岂无切当处？宜各尽言所知。"太祖遣使如叶赫国言："布占泰阵中被擒应伏诛，吾养之，连妻以三女。因与我为仇，故怒而征之，乃破其国，身投汝地，当献与我。”如此遣使三次。叶赫国锦台什、布扬古贝勒不与。

太祖于九月初六日，领兵四万征叶赫。时，有逃者将声息预闻于叶赫，叶赫遂收璋、吉当阿二处部众，独乌苏城有痘疫未曾收去。太祖兵至围乌苏城，招谕之曰：“城中军民降则已，不然必攻取之。”城中人曰：“若养之则降。况大国师众如林，不绝如流，盔甲鲜明，如三冬冰雪，吾等焉敢抗拒？”言讫，守将伞坦[③]、扈实木二人，开门出降叩见。太祖以金杯赐酒，将所戴东珠、金佛帽并衣赐之。其璋城、吉当阿城、乌苏城、雅哈城、赫尔苏城、和敦城、喀布齐赉城、鄂吉岱城大小共十九处，尽焚其房、谷，遂收乌苏降民三百户而回。

是时，锦台什、布扬古使其臣谮[④]太祖于明万历帝曰：“哈达、辉发、乌拉已被尽取矣，今复侵吾地。欲削平诸部，然后侵汝明国，取辽阳为都城，开原、铁岭为牧地。”明万历帝信之，遣使来谓太祖曰：“自今汝勿侵叶赫国，若肯从吾言，是存我和好。若不从吾言，后必有侵我之日。”遂遣游击马时楠、周大岐带枪炮手一千，卫叶赫二城。太祖闻之，修书曰：“吾国兴兵，原为叶赫、哈达、乌拉、辉发、蒙古、锡伯、卦勒察九国，于癸巳年（1593）会兵侵我。上天罪彼，故令我胜。于时杀叶赫布斋，生擒乌拉布占泰。至丁酉年（1597）复盟宰马歃血，互结婚姻，以通前好。后，叶赫负盟，将原许之女悔亲不与。布占泰乃吾所恩养者，因与我为仇伐之，杀其兵，得其国。彼身投叶赫，又留而不发，故欲征之。吾与大国有何故？乃侵犯乎？”书毕，亲赍诣抚顺所。于二十五日至一旷野处，名古埒。卯时日出，两傍如门，青赤二色，祥光垂照，随行不已。太祖一见，遂率众拜之，其光乃止。二十六日辰时至抚顺所，游击李永芳出三里外迎之，马上拱揖，接入教军场，将书与之。不移时[5]即还。

甲寅年（1614）四月，明万历帝遣守备萧伯芝来，诈称大臣，乘八台轿作威势，强令拜旨。述书中古今兴废之故，种种不善之言。太祖曰："虚言恐吓，何为下拜？善言善对，恶言恶对。"竟不览其书，令之回。

四月十五日，蒙古扎噜特部钟嫩贝勒，送女与太祖次子古英巴图鲁贝勒为婚。贝勒亲迎大宴，以礼受之。二十日，蒙古扎噜特部内齐汗，送妹与太祖三子莽古尔泰贝勒为婚。贝勒亲迎大宴，仍以礼受之。蒙古科尔沁莽古思贝勒，送女与太祖四子皇太极贝勒为婚。贝勒迎至辉发国扈尔奇山[6]城处，大宴，以礼受之。

十一月，遣兵五百征东海之南窝集部雅兰、西林二路，收降民二百户、人畜一千而回。

十二月，蒙古扎噜特部额尔济格贝勒，送女与太祖子德格类台吉为婚。台吉亲迎设宴，以礼受之。

乙卯年（1615）正月，蒙古科尔沁部孔果尔贝勒，送女与太祖为妃。迎接设大宴，以礼受之。

三月二十八日寅时，天有黄色，人面映之皆黄。太祖升殿，至辰时方明。

四月，于城东阜上建佛寺玉皇庙、十王殿共七大庙，三年乃成。是时，明万历帝命广宁总兵张承荫巡边，承荫奉命巡边回，遣通事董国荫曰："今欲更立石碑，以汝居处为吾地。其柴河、抚安、三岔三处所种之田勿获可收，汝人民退居。"太祖曰："吾世世祖居耕种之地，今令弃之，想尔心变，故出此言也。吾闻古人云：'海水不溢，王心不变。'帝今反常，护助叶赫，吾国所种之田又不容收获，而令退居，帝言自不可违，然不愿治平而顿起恶念，吾小国若受小害，汝大国自受大害矣。吾非大国，欲退即退，试看汝大国何以收拾？若成仇敌，非吾一身之患。汝以兵众国大，欺凌我也。然大国成小，小国成大，皆出于天。汝若一城屯兵一万，城自烦扰；若止屯兵一千，城中军民皆为吾俘物矣。”通事董国荫曰：“此言太过矣。”遂去。自此明国遂侵占疆土，立石碑于边外甚多。

六月初，叶赫布扬古以妹许太祖，受其聘礼，又欲与蒙古喀尔喀部莽古尔岱台吉〖乃巴哈达尔汉子也。原注〗。诸王、大臣曰：“闻叶赫将汗聘之女欲与蒙古，所可恨者莫过于是。当此未与之先可速起兵。若已与之，乘未嫁时攻其城而夺之。况此女汗所聘者，非诸王可比。既闻之，安得坐视他适？”皆力谏兴兵不已。太祖曰：“或有大事可加兵于彼，以违婚之事兴兵则不可。盖天生此女非无意也。因而破坏哈达、辉发、乌拉，使各国不睦，干戈扰攘至此。明国助叶赫，令其女不与我而与蒙古，是破坏叶赫酿大变，欲以此事激我忿怒，故如是也。今尽力征之，虽得其女，谅不久而亡，反成灾患。无论聘与何人，亦不能久。启衅[⑦]流祸已极，死期将至矣。”[⑧]诸王、大臣反复谏之，必欲兴兵。太祖曰：“吾以怒而兴师，汝等犹当谏之。况吾所聘之女为他人娶，岂有不憾之理？予尚释然[⑨]于中，置诸度外，劝以息兵。汝等反苦为坚请，令吾生怒，何也？聘女者不憾，汝等深憾何为？岂因此遂从汝等之言乎？汝等且止。”言毕，令调到人马皆回。其女聘与蒙古，未及一年，果亡。诸王、大臣奏曰：“此女迄今三十三岁，已受聘二十年矣。被明国遣兵为叶赫防御，叶赫遂倚其势转嫁与蒙古，今可征明国。”太祖不允曰：“明国以兵卫叶赫，自有天鉴之，任彼悠久。满洲与叶赫均一国也。明国自以为君临天下，是天下共主，何独于我满洲一国？不审是非，恃势横加侵夺，如逆天然。叶赫乃天不佑之国也，既遣兵为之卫，吾且听之，汝等急何为也？若征明国合乎天，天自佑之。天既佑，则可得矣。但我国素无积储，虽得其人畜，何以为生？无论不足以养所得人畜，即本国之民且匮乏矣。”及是时，先治其国，固疆圉[⑩]，修边关，务农事，裕积储，遂不动兵。乃谕各牛录每十人出牛四只，于旷野处屯田，造仓积粮。于是，设仓官十六员，吏八员，执掌出入。

十月初四日出猎，宿于穆奇[⑪]。次日卯时，日两傍有青赤色祥光。又对日有青白光三道，绕日似门，随太祖而行。太祖率众拜之，其光遂止。

十一月，太祖遣兵二千，征窝集部东额赫库伦城〖木城名。原注〗。至固纳喀库伦，招之不服，遂吹螺布兵，拆其栅，越三层壕攻取其城。杀人八百，俘获万余，收降五百户而回。太祖谓群臣曰：“语云：‘心贵正大。’予尝思之。心之所贵者，莫过于正大也。卿等荐人，勿曰吾何故使疏者反逾亲也。切莫拘根基，择心术正大者荐之。莫因仕族之多辄为援引[⑫]，择有才者举之。在位凡为政得一材一艺犹难，但可以资政之人即荐之可也。”太祖出猎时，天降雪已霁[⑬]，恐草木之浮雪濡衣，将衣撷之。时有随太祖者布阳古辖、雅喀木二人见之，乃私谓曰：“何所不有而惜此衣，盍进猎也。”太祖闻之笑曰：“吾非为无衣而惜之，但沾濡无益耳。与其濡于雪，曷若以新者赐汝等，岂不美哉。以濡雪之衣赐汝，何美之有？吾所惜者，为汝等惜也。”太祖谓群臣曰：“天作之为君，君命之为臣。卿等当念所任之职，有能理国政者知之则勿隐。今国事殷繁，须多得贤人各任之以事。倘治国统军者少，则济事几何？若有临阵英勇者，用以治军；有干国忠良者，用以佐理国政；有博通古今者，用以讲古今；有才堪宴宾客者，用以宴宾客。各处搜罗可也。”太祖训诸王曰：“贤者不举，则贤者何由而进？不肖者不退，则不肖者何由而惩？汝等宜秉忠直，切勿贪婪。均平之大道，莫过于忠直。吾夙好忠直，从来未慊[14]，汝等当留心。”又曰：“全才者有几？夫一人之身才技有长短，处事亦有工拙。有临阵之勇者，于理国则拙而无用；有治事之才者，于从军则亦无用矣。自是任用，皆随其材。”

太祖建元即帝位

太祖削平各处，于是，每三百人立一牛录额真，五牛录立一甲喇额真，五甲喇立一固山额真[15]，固山额真左右立梅勒额真。原旗有黄、白、蓝、红四色，将此四色镶之为八色，成八固山。行军时若地广，则八固山并列，队伍整齐，中有节次。地狭则八固山合一路而行，节次不乱。军士禁喧哗，行伍禁纷杂。当兵刃相接之际，披重铠执利刃者令为前锋，披短甲〖即两截甲也。原注〗善射者自后冲击。精兵立于别地相机，勿令下马，势有不及处即接应之。预画胜负谋略，战无不胜。克城破敌之后，功罪皆当其实。有罪者，即至亲不贯[16]，必以法治。有功者，即仇怨不遗，必加升赏。用兵如神，将士各欲建功。一闻攻战，无不欣然。攻则争先，战则奋勇。威如雷霆，势如风发。凡遇战阵，一鼓而胜。又立理国政听讼大臣五员，扎尔固齐十员[17]。太祖五日一朝，当天设案焚香，以善言晓谕国人，宣上古成败之语。凡事扎尔固齐先审理，次达五大臣，五大臣鞫问再达诸王，如此循序问达。令讼者跪于太祖前，先闻听讼者之言。犹恐有冤抑者，更详问之。将是非剖析明白，以直究问，故臣下不敢欺隐，民情皆得上达矣。太祖聪明睿智，法度精详，敬老尊贤，黜谗远佞，恩及无告，为国事日夜忧勤。上体天意，下合人心，于是，满洲大治。欺诈不生，拾物不匿，必归其主。若不得其主，悬于公署令认识之。五谷收获毕，纵牲畜于山野，莫有敢窃害者。因是，诸王、大臣会议恭上尊号，遂表闻于太祖。

丙辰岁（1616）正月朔甲申，八固山诸王率众臣聚于殿前排班，太祖升殿，诸王、大臣皆跪，八大臣出班进御前跪呈表章。太祖侍臣阿敦辖、额尔德尼、巴克什接表，额尔德尼立于太祖左宣表，颂为列国沾恩英明皇帝，建元天命。帝于是离座，当天焚香，率诸王、大臣三叩首毕，升殿。诸王、大臣各率固山叩贺。正旦时[18]帝年五十八矣。

明国边民每年越边，窃采满洲参、矿、果、木等物，扰害无已。一日，帝曰：“昔与明国立碑，宰马结盟，原为杜其混扰。今明之边民累扰吾地，吾杀潜越禁边者亦不为过。”遂于六月遣达尔汉辖，将越边窃物之人遇则杀之，约有五十余。时，帝闻广宁新任巡抚至，乃遣纲古里、方吉纳二人往见之。巡抚李维翰将纲古里、方吉纳并从者九人，各以铁索系之，仍差人至满洲，谓帝曰："吾民出边，汝当解还，安得遽杀之？"帝曰："昔竖碑盟言，若见越禁边者不杀，殃及于不杀之人。今何负前盟而如是强为之说？"使者曰："不然，但将首杀吾民者达尔汉辖执与抵罪则已；不然，此事难寝甚。"以言挟之，帝不从。使者曰："此事已闻于上，乃不容隐者。汝国岂无罪人乎？盍将此等人献之边上，杀以示众，此事遂息。"帝欲图明国所拘十一人还，即于狱中取自叶赫所掳十人，解至抚顺所杀之，明国遂将所拘十一人放归。

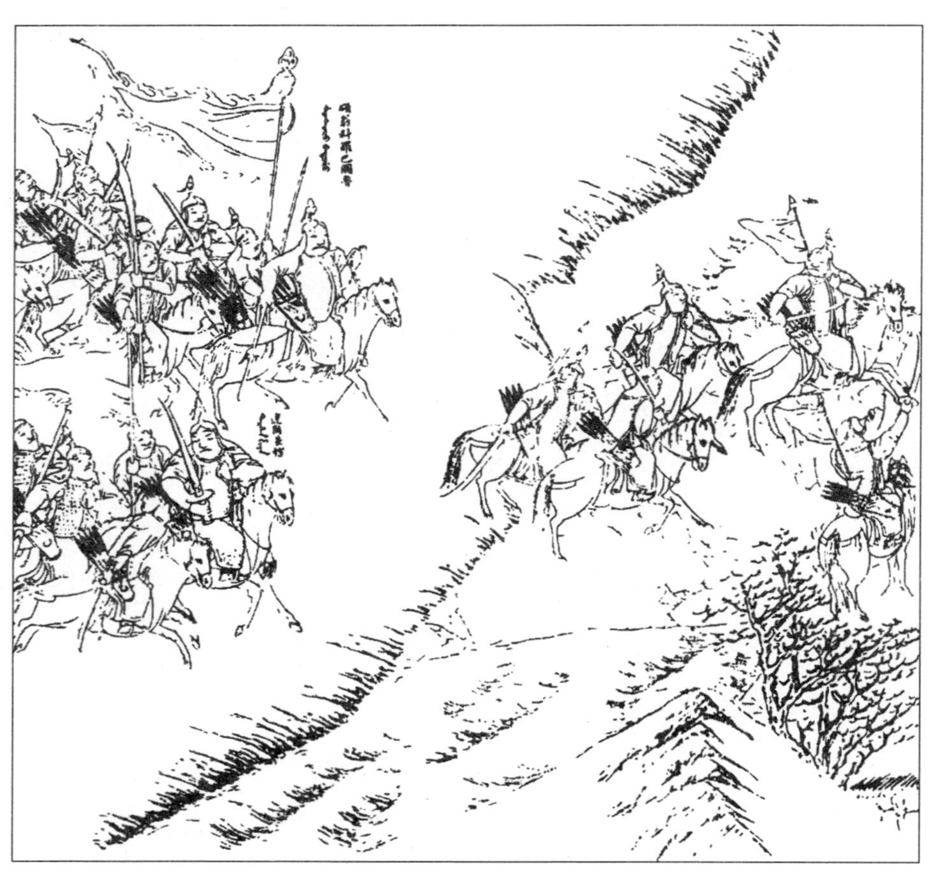

天助冰桥

帝遣达尔汉辖、硕翁科罗二将领兵二千，征东海萨哈连部。二将承命，于七月十九日起兵，行至兀尔简河造船二百只，水陆并进，取沿河南北寨三十有六，至萨哈连江南岸佛多罗衮寨安营。初，萨哈连江每年十一月十五、二十中间方结冰，松阿里河十一月初十、十五中间方结冰。

是年十月初一日，达尔汉辖、硕翁科罗二人兵至其处，见萨哈连江水未结，独对寨之处河宽二里，横结冰桥一道，约六十步。将士皆奇之，忻然相谓曰："此实天助一桥也。"领兵渡之，取萨哈连部内寨十一处。及至复回，其冰已解矣。迤西又如前结冰一道，已渡冰复解。后至十一月应时始结。又招服阴达珲、塔库喇喇[19]、诺垒实喇忻三处路长四十人，遂回兵。至十一月初七日入城。

丁巳天命二年（1617）正月初，帝纳蒙古明安贝勒女已六年，至是闻其来见，于初八日与皇后率诸王、大臣迎至百里外富尔简阿拉〖即红岗也。原注〗处，接见于马上，随宴讫。明安贝勒以骆驼十只，马、牛各一百奉献。至十一日入城，每日小宴，越一日大宴，留一月。赠礼至厚，与人四十户、甲四十副及段（同缎）匹财物，送三十里外，一宿而还。

二月，以皇弟达尔汉巴图鲁郡主[20]逊戴，与蒙古喀尔喀巴约特部恩格德尔台吉为妻。

是年，遣兵四百，沿东海地界收取散居未服诸部。至日，遂将东海岸散居之民尽取之。其负岛险不服者，乘小舟尽取之而回。

戊午天命三年（1618）正月十六日晨，有青黄二色气直贯月中，此光约宽二尺，月之上约长三丈，月之下约丈余。帝见之，谓诸王、大臣曰："汝等勿疑，吾意已决，今岁必征明国。"

时闻原服阴达珲、塔库喇喇三处路长四十人，率家属部众约百余户来归。帝遣人以糇粮往迎，复以马百匹，令来官乘之，二月内方至。其归顺路长列等赐职，俱给妻、奴、牛、马、房、田、衣物。

帝曰："朕与明国成衅，有七大恨，此外小忿难枚举矣。今欲征明国，因预与诸王、大臣画策。若明修攻具，恐泄机于众，乃以盖诸王马院为名，遂遣人七百伐攻具之木。"

三月，传谕催喂马匹，整顿盔甲、器械。其攻具之木，虑明之通事或有事来见，恐泄其机，遂用以盖马房。

四月，帝颁攻战之策，谕领兵诸王、大臣曰："平时以正为上，军中以智巧谋略不劳己、不顿兵为上。若我众敌寡，我兵不令之见，须伏于隐僻处，少遣兵诱之。诱而来是中吾计，若诱而不来，详察其城邑之远近。相距若远，即尽力追袭，近则直抵城门，使自拥塞而掩杀之。倘我兵止一、二固山，遇敌兵之众，勿令近我即退，待大兵然后寻敌所在。若止二三处兵，须酌量之。此乃遇敌野战之法也。至于攻城，当观其势。势可下则令兵攻之，否则勿攻。倘攻之不拔而回，反损名矣。夫不劳兵力而克敌者，是擅智巧谋略，诚为三军之主帅。若劳兵力，虽胜何益？当征战之际，最上者莫过于不损己兵而能胜敌者也。每牛录作二云梯，派甲兵二十名，以备攻克。自出兵日至班师日，各军勿得离本牛录旗，违者执之详问其由。若五牛录之主不申法令于众，罚五牛录主及本牛录马各一匹。若谕之不听，即杀梗令之人。五牛录主与牛录等，凡所委托之事，若能胜其任，则受委托，若不能胜则勿受。不能胜任而强为之者，其关系非止一身，若率百人则误百人之事，率千人则误千人之事，须知此事乃国之大事也。至于攻克城邑，有一二先进者不足取。若一二先之，必致伤。如此者，虽见伤不行赏，即殒身不为功。其首拆城者即为首功，可报固山额真录之。

待环攻之人俱拆毕，然后固山额真吹螺，令各处兵并进。此谕。”

太祖取抚顺降李永芳

四月十三壬寅巳时，帝将步骑二万征明国，临行书七大恨告天曰：“吾父祖于明国禁边，寸土不扰，一草不折，秋毫未犯，彼无故生事，于边外杀吾父祖，此其一也。虽有祖父之仇，尚欲修和好，曾立石碑盟曰：‘明国与满洲皆勿越禁边，敢有越者见之即杀。若见而不杀，殃及于不杀之人。’如此盟言，明国背之，反令出边卫叶赫，此其二也。自清河之南，江岸之北，明国人每年窃出边入吾地侵夺，我以盟言杀其出边之人，彼负前盟，责以擅杀，拘我往谒巡抚使者纲古里、方吉纳二人，挟令吾献十人于边上杀之，此其三也。遣兵出边为叶赫防御，致使我已聘之女转嫁蒙古，此其四也。将吾世守禁边之钗哈〚即柴河。原注〛、山齐拉〚即三岔。原注〛、法纳哈〚即抚安。原注〛三堡耕种田谷，不容收获，遣兵逐之，此其五也。边外叶赫是获罪于天之国，乃偏听其言遣人责备，书种种不善之语以辱我，此其六也。哈达助叶赫侵吾二次，吾返兵征之，哈达遂为我有，此天与之也。明国又助哈达，必令返国。后叶赫将吾所释之哈达掳掠数次。夫天下之国互相征伐，合天心者胜而存，逆天意者败而亡。死于锋刃者使更生，既得之人畜令复返，此理果有之乎？天降大国之君，宜为天下共主，何独构怨于我国？先因呼伦部〚即前九部。原注〛会兵侵我，我始兴兵，因合天意，天遂厌呼伦而佑我也。明国助天罪之叶赫如逆天然，以是为非，以非为是，妄为剖断，此其七也。欺凌至极，实难容忍，故以此七恨兴兵。"[21]祝毕，拜天焚表。帝又谓诸王、大臣曰："此兵吾非乐举，首因七大恨，余难尽言矣。凌迫已极，故兴此兵。然阵中所得之人，勿剥其衣，勿淫其妇，勿离其夫妻。拒敌者杀之，不拒敌者勿妄杀。"谕讫，遂与诸王暨领兵诸将等，鸣鼓乐，谒玉帝庙而行，营古埒处宿之。次日，分二路进兵，令左翼四固山兵取东川、玛根丹二处，亲与诸王率古翼四周山兵及八固山拜雅喇〚即精锐内兵也。原注〛取抚顺，行至斡珲鄂谟之野安营而宿。是晚，帝将先朝《金史》讲与恩格德尔额驸〚原系蒙古。原注〛、萨哈连额驸〚原系察哈尔国臣。原注〛，乃曰："朕观自古为君者，身经征战之苦，皆未得永享其尊。今兴此兵，非欲图大位而永享之。但因明国累构怨于朕，难再容忍，故不得已而兴师也。"是夜，忽晴忽雨，帝谓诸王、大臣曰："阴雨之时不便前进，可回兵。"大王曰："与明国和好久矣，今因其不道故成仇隙，兴师已至其境，若回兵，吾等更与明国和好乎？抑为敌乎？且兴兵之名谁能隐之？天虽雨，吾军有雨衣，弓矢各有备雨之具，更虑何物沾濡乎？且天降之雨乃懈明国之人，使不意吾进兵，此雨有利于我不利于彼。”帝善其言，于夜亥时传令，军士方起行，云开月霁。众兵分队连夜进抚顺边，兵布百里，旌旗蔽空。至十五日晨，往围抚顺城，执一人赍书与游击李永芳，令之降。书曰：“因尔明国兵助叶赫，故来征之[22]，量尔抚顺游击战亦不胜。今欲服汝辄深向南下，汝设不降误我前进。若不战而降，必不扰尔所属军民，仍以厚礼优之。况尔乃多识见人也。不特汝然，纵至微之人犹超拔之，结为婚姻，岂有不超升尔职与吾大臣相齐之理乎？汝勿战，若战则吾兵所发之矢，岂有目能识汝乎？倘中则必死矣。力既不支虽战死亦无益。若出降，吾兵亦不入城，汝所属军民皆得保全。假使吾兵攻入城中，老幼必惊散。尔之禄位亦卑薄矣。勿以吾言为不足信，汝一城若不能拔，朕何以兴兵为？失此机会，后悔无及。其城中大小官员军民等，果举城纳降，父母妻子亲族俱不使离散，是亦汝等之福也。降与不降，汝等熟思。慎勿以一朝之忿而不信，遂失此机也。”李永芳览毕，衣冠[23]立南城上言纳降事，又令城上备守具。满洲兵见之，遂竖云梯以攻，不移时即登城，永芳衣冠乘马方出城降。固山额真阿敦引之，永芳下马跪见，帝于马上拱手答礼。其攻城相敌时死者死，城已克，乃传令勿杀，皆抚之。此举下抚顺、东州、玛根丹三城台堡五百余，乃收兵。各于所进之处安歇，帝驻抚顺。

十六日，留兵四千拆抚顺城，大兵回至抚顺城东旷野处，会各营兵出边，至嘉班安营，论功行赏，将所得人畜三十万散给众军。其降民编为一千户。有山东、山西、涿州、杭州、易州、河东、河西等处商贾十六人，皆给路费，书七恨之言付之令归。其拆城兵四千亦至，遂令兵六万，率降民及所得人畜前行归国。

帝与诸王、大臣领兵四万移营，复临明国边安营。二十一日，帝回兵距边二十里，至谢哩甸，方欲安营，广宁镇守张承荫、辽阳副将颇廷相、海州参将蒲世芳，闻满洲大兵尽取抚顺等处，领兵一万急追时，满洲兵已出边，明兵不敢逼近，但蹑后观视。侦探飞报大王、四王、二王闻之，令兵尽甲迎至边，随报帝，帝曰："彼兵非来与我为敌，盖欲诈称追吾兵

太祖阵杀张承荫

出边，以诓其君耳，必不待我兵也。"乃遣额尔德尼、巴克什令二王停兵，二王奉命屯兵于边上，复回报曰："彼兵若待我兵则战，若不待必自走矣。吾欲乘势袭其后，不然我兵默默而回，彼必以我为怯，不敢战也。"帝然

之[24]，遂帅大兵前进。明国兵分三处，据山险掘壕，列火器安营，八固山列阵冲击。初，风自西起，及兵临时，其风骤转向敌营。明国兵连放火炮，我兵奋勇射之，杀入其营，锐不可当，明国兵遂败。三营皆破，死者伏尸相枕，杀总兵、副将、参、游及千把总[25]等官共五十余员，追杀四十里，死尸络绎不绝，敌兵十损七八，获马九千匹，甲七千副，器械无算。是阵中，满洲止折小卒二名。回至边安营，论诸王、大臣奋勇前进者列等升之，稽三军被伤之轻重以赏之。

二十三日，兵宿于谢哩甸。是晚，自西向东有青黑气二道，横亘天上。

二十六日还国，所得降民千户，父子兄弟夫妇俱无离散。至于六亲失散者查给伊亲，奴仆失散者查归本主。又与房、田、牛、马、衣、食、牲畜、器皿等物，仍照明国设大小官属，令李永芳统管，将皇子阿巴泰贝勒郡主妻之，升为总兵。

闰四月二十二日，遣鲁太监下商人二名，开原人一名，书七大恨付之，令回国。[26]

注释：

① 谋慢，怠慢或轻忽。

② 拂戾，不和顺。

③ 伞坦，满、汉两体文本为“山谈”。

④ 谮，无中生有地编造他人坏话。

⑤ 不移时，少顷，很快的一段时间。

⑥ 扈尔奇山，前文曾为呼尔齐山。

⑦ 启衅，引发嫌隙，挑起争端。

⑧ 此番将女真各部纷争之由，皆委之于此女，有失公允。

⑨ 予尚释然，形容自己的疑虑、嫌隙等已消释，心中平静。

⑩ 圉，音羽，疆圉，指边境。

⑪ 穆奇，亦作木齐，位于赫图阿拉之西北，系古御道经由之地，当年顺治帝谒永陵，命沿途植榆树，传说全靠乌鸦衔水浇灌方得存活，至今尚有二十六株。

⑫ 辄为援引，指推荐或任用与自己有关系的人。

⑬ 霁，雨雪过后转晴。

⑭ 慊，音欠，未慊，不满足。

⑮ 额真，蒙古语意为主人。清初官名多用之，汉语称都统，后又改称章京，禁用此语。

⑯ 贳，音是，宽纵、赦免。

⑰ 扎尔固齐，清初设立的一种官号，是负责处理诉讼的"断事官"。

⑱ 正旦时，农历正月初一。

⑲ 阴达珲，满、汉两体文本为"阴答闬"，塔库拉拉即役犬之处。

⑳ 郡主，明、清两代，称亲王之女为郡主。

㉑ 七大恨，即与明廷之宣战书，词涉叶赫者有四，与其为讨伐明，毋宁说在谴责叶赫。满明之争实为叶赫而起。

㉒ 此言再次点明，叶赫乃满、明战争爆发之诱因。

㉓ 衣冠，这里指穿戴整齐，打扮得斯文有礼的样子。

㉔ 然之，即认同他人的建议。

㉕ 千把总，明初官名，京军三大营置把总，嘉靖时增置千总，大都由功臣担任。以后职权日轻，到清初则成为武职中的下级，其位次于守备。

㉖ 此一段满、汉两体文本归为卷五。

满洲实录　卷五

天命三年闰四月至四年七月（明万历四十六年至四十七年）

太祖兵进范河界

五月十七日，帝率诸王、大臣统军征明国。至十九日，进边克抚安堡及花豹冲、三岔儿，大小共十一堡。二十日，招服崔三屯，其周围有四堡民招之不服，遂攻取之。大兵营于三岔儿堡，留六日，犒赏三军，均分所得人畜，先令兵送人畜归国。又传令众军，沿屯搜掘粮窖，运毕安营。二十八日晨，大雾。卯时，有青、赤、白三色气自天垂于营之两旁，上圆似门，及起营时，气之两头坠于军之前后，相随十五里方散。

六月二十二日，广宁巡抚遣通事一名，从者五名，及前送书者共七人，来言两国修好，令送还所掳之人。帝曰："吾征战所得者，虽一人何可还哉？若以我为是，于所得之外更加金帛方和。若以我为非，我则不和，征伐如故。"令来使回。

太祖率兵克清河

七月二十日，帝率诸王、大臣统大兵征明国，入鸦鹘关[①]，环攻清河。其城守副将邹储贤领兵一万固守其中，炮手约千余，兼滚木、矢石齐下。满洲兵拆城竖梯攻之，不避锋刃跃入。四面兵皆溃，其城遂拔。将邹储贤及兵众俱杀之，一堵墙、碱场二城官民弃城走。遂论功行赏毕，起兵向辽阳行。二日，复撤回，拆一堵墙、碱场二城，将周围之粮运尽方班师。

当克清河之日，有明国副将贺世贤领兵五千出叆阳[②]，掳满洲山林所居新栋鄂寨，杀七人及妻、子共约百余而去。

时，秋成[③]。帝命纳邻、音德二人率四百众，往嘉木湖〖嘉木湖在浑河、界藩河之间。原注〗收获，戒之曰："昼则督农收刈，夜则避于山险处。当今宿南山明宿北山，今宿东山明宿西山，于受敌之处而能谨慎者，斯为贵矣。"纳邻、音德违帝命，被明之侦探潜窥数次。

至九月初四日，总兵李如柏遣兵乘夜直抵收获处，杀七十人，未曙[④]而回，其余三百三十人得脱。帝定二人违命之罪，籍纳邻之家，音德家产半没入官。又以叶古德侦探不明，籍其家三分之一。帝与诸王、大臣议曰："今与明国为敌，我国居处与敌相远，其东边军士途路更遥，行兵之时马匹疲苦，可将马牧于近边地，西近明国，于界藩处筑城。"议定遂经营基址，收聚木石，因天渐寒且止。

九月二十五日，遣兵略会安堡，斩杀甚众，得人畜一千。其中有屯民三百，斩于抚顺关，留一人，割双耳令执书回。其书曰："若以我为非理，可约定战期，出边或十日或半月，攻城决战。若以我为合理，可纳金、帛以图息事。尔大国乃行窃盗，袭杀吾农夫一百，吾将杀汝农夫一千。且汝国能于城内业农乎？"遂回兵。至二十九日寅时，东南有一道白气，自地冲天，形如大刀，约长十五丈，宽丈余。

十月十一日五更时，东南更有白气自星出，约宽五丈，直冲明国，至十四日后不见。其出气之星每夜向北斗渐移，至二十九日直越北斗柄，自此以后不见。

十二日，闻东海瑚尔哈部长纳喀达率民百户来降，命二百人迎之。二十日至上升殿，降众见毕设宴。将举家来归者列一处，有遗业而欲还家者另立一处。其为首八人，各赐男、妇二十口，马十匹，牛十只，冬衣、蟒段、皮裘、大褂、秋衣、蟒袍、小褂、四季衣服具备，及房田等物。其欲还者见之，留而不去者甚多。乃附言与还家者曰："满洲军士欲杀吾等，图我人畜财物，汗以抚聚人民为念，收为臣仆，不意施恩至此。吾土所居弟兄眷属可皆率之来。"

十二月初二日，辽东经略杨镐，遣承差李继学同前放还者二人至。

己未天命四年（1619），明万历四十七年正月初二日征叶赫，令大王率将十六员，兵五千，于扎喀关防御明国。自将诸王、大臣统大军起行。初七日深入叶赫界，自克伊特城尼雅罕寨略至叶赫城东十里，将投城人畜皆截取之，十里外所居屯寨，大小二十余处尽焚之。又取蒙古〖此蒙古乃附叶赫者。原注〗所牧生[⑤]畜，乃收兵。离城六十里安营。当进兵之日，叶赫遣使往开原总兵马林处告急，林遂领兵来助，与叶赫合兵一处，出城四十里，见我兵势重，惧不能敌而退，帝亦班师。

二十二日，令明国使者李继学及通事赍书回。其书曰："皇帝若声[⑥]辽人之罪，撤出边之兵，以我为是，解其七恨，崇以王位，岂有不罢兵之理？再将我岁币及抚顺所原有敕书五百道，并开原所有敕书千道，皆给吾军士。至我与大臣再加段三千匹、金三百两、银三千两，兵乃罢。"

二十六日，令穆哈连领兵一千，收东海瑚尔哈部遗民。

二月十五日，遣人夫一万五千，赴界藩处运筑城之石，令骑兵四百卫之。

是月，明国命总兵杜松〖榆林人。原注〗、王宣〖保定总兵，榆林人。

原注〗、赵梦麟〖陕西人。原注〗、刘綎〖江西人。原注〗、李如柏〖辽东总兵，铁岭人。原注〗、马林〖宣府人。原注〗、贺世贤〖榆林人。原注〗，副将麻岩〖大同人。原注〗，监军、广宁分巡道张铨〖大名府人。原注〗，海盖道康应乾〖河南人。原注〗，辽阳分守道阎鸣泰〖保定人。原注〗，开原道潘宗颜〖宣府人。原注〗文武臣等，统兵二十万侵我满洲，诸臣克日起兵至辽阳。经略杨镐⑦，以二十万兵号四十七万，遣满洲人一名，系取抚顺时叛投者，于二十四日赍书至，言大兵征取满洲，领兵将帅及监军文臣齐至。

三月十五日，乘月明之时分路前进。后，明兵果会于沈阳，分为四路，约三月初一日齐出边境，合兵攻取满洲都城。约定遂起兵进发，乃分左翼中路，总兵杜松、王宣、赵梦麟、监军道张铨领兵六万，顺浑河出抚顺关；右翼中路，总兵李如柏、贺世贤、监军道阎鸣泰领兵六万，往清河出鸦鹘关；左翼北路，总兵马林、副将麻岩、监军道潘宗颜领兵四万，往开原合叶赫兵，出三岔口；右翼南路，总兵刘綎、监军道康应乾领兵四万，合朝鲜兵出宽甸口。

三月初一日，诸王聚于朝内，辰时哨探飞报曰："昨二十九夜，见明国兵执灯火出抚顺关。"此报犹未奏闻，其南方哨探又来报曰："昨日未时，明国兵自栋鄂而进。"诸王遂奏闻于帝，帝曰："明国兵来是实，吾南方已有兵五百，即将此兵捍御之。然明国故令吾南方预见其兵者，是诱吾兵南敌，其大兵必从抚顺关来，今当先战此兵。"即时，令大王与诸王、大臣领城中兵出，正行之际，哨探又来报曰："见清河路兵来。"大王曰："清河路虽有兵，其地狭险，不能遽至，姑且听之，吾等先往抚顺关迎敌。"遂过扎喀关，与达尔汉辖按兵候帝。四王因祀神后至，曰："吾筑城运石之人夫俱无器械，界藩山虽然险固，倘明将不惜其兵必竭力攻之，吾之人夫被陷将奈何？今吾兵急往其地，人夫一见而心自慰矣。”大王与众大臣等皆善其言。即令兵尽甲，未时行至太兰岗。大王与达尔汉辖欲掩兵俟帝，四王不悦曰：“何故令兵立于僻处？当于显处耀兵布阵，运石人夫见我兵至，亦奋勇而战矣。”额亦都曰：“贝勒之言诚是也。吾等当向前立于显处。”众皆从之，遂前进，与明兵对垒布阵。我兵未至之先，杜松、王宣、赵梦麟领兵前来，时满洲护卫人夫骑兵四百，伏于萨尔浒山谷口，

太祖破杜松营

伺敌大兵过半击其尾，杀至界藩河，合运石人夫据于界藩之吉林山⑧险。杜松兵围而攻之，山上骑兵率众人夫一战，折明兵约百人。正攻守之际，

诸王俱至，见明兵二万攻吉林山，又一支兵立于萨尔浒山上。大王、二王、三王、四王谓众臣曰："吾人夫内有卫兵四百，更令兵一千登山协助，往下冲杀。以右翼四固山兵夹攻之，其左翼四固山兵可瞭防萨尔浒山敌兵。"言毕，遂令兵一千往吉林山。帝至，问诸王曰："汝等所议破敌之策若何？"诸王遂将前议告之。帝曰："天将晚，即照此指挥可也。今令右二固山兵益于左四固山，先破萨尔浒山所立之兵。此兵一败，其界藩敌兵自丧胆矣。再令右二白旗固山瞭望界藩敌兵，俟吾兵自吉林山下冲之际，协力以战。"时，我兵离城三十里以内，壮马者先至，疲马者陆续而进，其远方兵皆未至，六固山兵进攻萨尔浒山。敌兵布阵，发炮接战。我兵仰射冲杀，直破其营。不移时，敌众尸覆成堆。其助吉林山之兵自山而下，正冲击之际，右二白旗固山渡河前进夹攻之。明兵连发火炮接战，我兵奋勇冲杀，遂破之。横尸堆积，总兵杜松、王宣、赵梦麟等皆死于阵中。明兵死者漫山遍野，血流成渠。军器与尸冲于浑河者，如解冰旋转而下。追杀明国兵二十里，仆尸联络。至硕钦山[9]天色已晚，令兵沿途截杀逃窜之兵。

明国左翼北路总兵马林兵是夜至尚间崖[10]。安营凿壕，击鼓传铃，周转巡逻。我兵见之，遂星夜来报大王。次日，大王领兵三百余先往。马林方起营，见大王兵至，遂停兵布阵，四面而立，绕营凿壕三道，壕外列大炮，炮手皆步立大炮之外。又密布骑兵一层，前列枪炮。其余众兵皆下马，于三层壕内布阵。此营西相距三里又一营兵，立于斐芬山[11]。大王见之，三次遣人驰报，满洲后至兵陆续赴大王营不绝。明国左翼中路后营游击龚念遂、李希泌，领车营骑、步兵一万，至斡珲鄂谟处安营，绕营凿壕，列炮。帝率四王领兵不满千人，令一半下马步战。明营兵一齐发炮，四王率骑兵突入，步兵遂摧覆战车，大败其兵。四王领兵尽力追杀，龚念遂等皆殁于阵中。帝方立马眺望，大王报到，言敌已至尚间崖。帝闻之，不待四王之兵，急领随从四五人，午时至其处，见敌兵四万已布阵而立。帝曰："吾兵当先据山上，向下冲击，其兵必败矣。"众兵将登山，见敌众营内兵与壕外兵合。帝曰："是兵欲来战我也，不必登山，可下马步战。"大王遂往左二固山令众兵下马时，下马者方四五十人，明营西面兵遂来战。大王

四王皇太极破龚念遂营

谓帝曰："吾当领兵前进。"即策马迎敌，直入其营。后，二王、三王与诸台吉等并力杀入，两兵混战，敌兵遂败，剿杀大半。其六固山兵见之，前

不待后，行伍亦不暇整，飞奔明之大营。营中兵发炮接战，我兵发矢冲击，明兵势不能敌，大败而走。我兵乘势追杀，死者漫山遍野，副将麻岩等皆斩于阵，总兵马林仅以身免。血水分流，如阳春释雪，尚间崖下河水皆赤。乃收兵攻斐芬山潘宗颜之营，令兵一半下马向上攻之。颜兵一万，以战车为卫，枪炮连发。我兵突入，摧其战车，遂破其营，宗颜并全军覆没。

时，叶赫锦台什、布扬古领兵来助明国，至中固城，闻明兵败，大惊

太祖破马林营

遂回。

太祖破潘宗颜营

帝收大兵，申时至古尔本方安营，有侦探来报曰：“南方栋鄂与清河路、呼兰二路之兵向都城而进。”遂令达尔汉辖领兵一千先往，帝驻于是处。翌晨⑫又令二王阿敏领兵一千继之。帝随率诸王等领大兵行至界藩，因破敌乃杀牛八只谢天祭旗。大王曰：“吾领从者二十人扮作小卒前探消息，待祭旗后，汗可率众兵而徐进。”帝允之，大王遂起行。继而三王亦行，四王乘马至帝前问曰：“大王果前去，吾欲与同之。”帝曰：“汝兄扮作哨探前听消息，汝可随我同行。”四王曰：“大兄既已独往，吾等何故留后？”言毕亦起行。夜近初更，大王乃至都城，经往宫门内。时，后、妃及公主等正聚于此，见大王至，曰："今又闻有二路兵来，奈何？"大王曰："抚顺、开原二路兵已败，尽被杀矣。此来兵吾已有兵迎，敌且不能至，吾待父命前去接战。"大王夜出城十五里至大屯，候帝祭旗毕，申时自界藩起行，至五更遇大王、二王、四王入城，天明令诸王领兵敌宽甸路刘綎之兵。帝于都城留兵四千，以防清河路李如柏、贺世贤之兵。当刘綎兵出宽甸时，栋鄂路民皆避于山林，刘綎兵焚遗寨，杀跛瞽不能移者，向前而进。牛录额真托保、额尔纳、额赫[13]三人率守卫兵五百迎敌搏战，被刘綎大兵围住，额尔纳、额赫死于阵中，折兵五十。托保领残兵四百五十余人逃出，会达

四王皇太极败刘綎前锋

尔汉辖兵，达尔汉辖遂伏兵于山谷隘处。巳时，大王、三王、四王率大兵出瓦尔喀什，正行之际，刘綎部下精兵二万前来，令一万兵野掠。见我大兵，遂登阿布达哩冈布阵。大王领兵欲自山上向下击之，四王曰："兄领大兵在后相机，吾当领兵上山向下击之。"大王曰："此言最善，吾行于山之西，汝令右翼兵登山向下冲击，汝可在后观之，慎勿亲入，负吾言也。"四王率右翼兵前进，领精兵三十，超出众军之先，从上下击，兵刃相接。正搏战之际，后兵亦至冲击而进，大王亦率左翼兵自山西而进，明

四王皇太极破刘綎营

兵大溃遂走，四王随掩杀之。又见刘綎二营兵来，乘其未布阵之先杀入，

刘綎战死于阵中，全军覆没，我兵乃安营。见监军道康应乾步兵合朝鲜兵营于富察旷野处，四王驻兵，诸王随。皆至，遂列阵前战。见应乾部下兵皆执筤筅⑭竹杆长枪，披藤皮甲；朝鲜兵皆披纸甲、柳条盔，枪炮层层布列。当进战之际，明营中枪炮连发，适大风骤起，其烟尘皆返向本营，迷漫昏黑，竟无所见。我兵遂发矢冲入，破其二万兵，掩杀殆尽，风尘遂止，康应乾仅以身免。帝前遣二王与达尔汉辖击明游击乔一琦营，破之。一琦率残兵奔入朝鲜都元帅姜功立营。

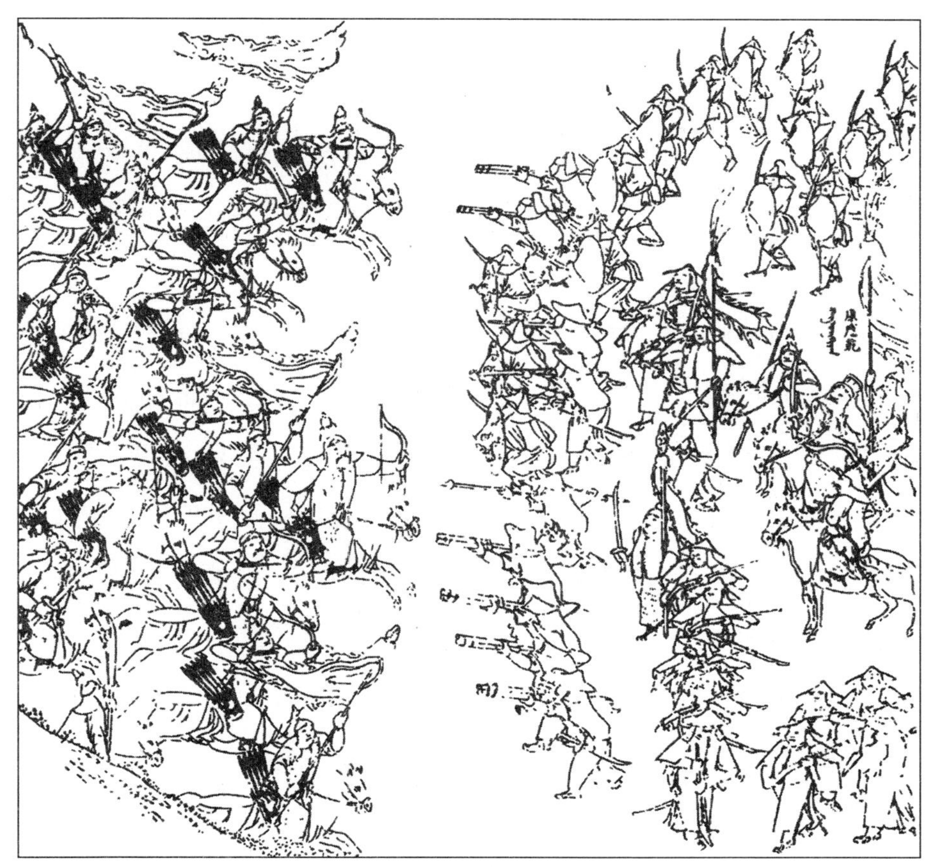

诸王破康应乾营

诸王又见朝鲜兵营于古拉库山，诸王各整固山欲进战。姜功立知明国兵败，大惊。遂倒掩旌旗，遣通事执旗来曰："此来非吾愿也。昔日倭侵我国，据我城郭，夺我土地，当此急难，赖明助之得退倭兵，此恩当报，今调吾国兵，焉敢不来？若宥吾罪，愿往纳降。且吾兵有在明国兵营者，汝已杀矣。今营中尽我国兵，惟有明之游击一员，并相从兵丁而已，吾即献之。"诸王议定，乃曰："尔等若降，主将可先来，不然必战。"令通事回告之。姜功立曰："吾今领兵且宿于此，若身先往，恐众军混乱逃走，今令副元帅先见诸王，即宿于营，吾率众翌日即降。"言讫，尽捉明兵掷于山下，一琦见势急遂自缢。于是，副元帅来见诸王。次日，姜功立率五千兵下山来降。诸王设宴相待，令朝鲜官兵先往都城。帝升殿，都元帅、副元帅率众官叩见，帝待以宾礼，五日小宴，十日大宴。诸王既杀尽刘綎兵，驻三日，收人畜、盔甲及器械回兵。初七日，乃至战三路兵时，我兵约折二百人。

经略杨镐驻沈阳，闻三路兵败，大惊。即撤李如柏、贺世贤之兵。如柏自呼兰处回兵时，有我哨兵二十人见之，乃立于山上吹螺作后有大兵状，将帽系弓梢挥之，喊噪而入，杀兵四十，获马五十匹。于是，明兵大溃，夺路而走，自相蹂踏，死者约千余。三路兵已破，帝笑谓诸王曰："明国君臣以二十万兵声言四十七万，分四路来战，各国闻[15]，若以为我分兵破敌，必谓我兵众；若以为我往来剿杀，必谓我兵强。究言之，闻于四方，无有不称善者也。"

三月二十一日，令朝鲜降将张应京及官三员、通事一人，书七大恨之事遗[16]书一封，遣二使者与之俱往。书曰："昔者，金、元二国之主并三、四国归于一统，虽如此亦未得享国长久，吾亦知之。今动干戈非吾乐举，因明国欺凌已甚，故兴此兵。吾自来若有意与明国结怨、苍穹鉴之。今天之眷顾我者，岂私我而薄明国耶？亦不过是者是，非者非，以直断之，故佑我而罪明国。尔兵来助明国，吾料其非本心也。乃因尔国有倭难时，明国曾救之，故报答前情不得不然耳。昔者金大定帝时，有朝鲜官赵惟忠以四十余城叛附，帝曰：“吾征徽、钦二帝时，尔朝鲜王不助宋，亦不助金，是中立国也，遂不纳。由此观之，吾二国原无仇隙，今阵擒尔官十员，特念尔王故留之。继此以往，结局惟在王矣。且天地间国不一也，岂有使大国独存令小国皆亡耶？吾意明朝大国必奉行天道，今违天背理，欺凌我国，横逆极矣，王岂不知？又闻明国欲令子侄主吾二国，辱人太甚。今王之意，以为吾二国原无衅隙同仇明国耶？抑以为既助明国不忍背之耶？愿闻其详。”

阿敏贝勒败乔一琦兵

四月初三日，帝曰："战马羸弱[17]，当趁春草喂养。吾欲据界藩筑城，屯兵防卫，令农夫得耕于境内。"遂亲西往，卜基[18]筑城，又择旷野处牧马。继选骑兵一千，于初九日潜入明铁岭境，俘获人畜一千。

五月二十八日，朝鲜遣官一员，从者十三人，并前使者赍书至。其书曰："朝鲜国平安道观察使朴化，致书于满洲国主马法[19]足下，吾二国地土相连，明国与吾二国至今经二百余载，毫无怨恶。今贵国与明国为仇，

姜功立率兵归降

因而征战，生民涂炭。不特邻邦，即四方皆动干戈矣，亦非贵邦之善事也。明国与我国犹如父子，父之言子岂敢拒？盖大义也。吾亦不愿

此举，其如不从何？事属已往，今不必言此事原委。闻张应京等四人来言方知，然邻国亦自有交道也。来书云：‘吾有心与明国之君结怨，穹苍鉴之。’即此一念便可常享天眷，受福无疆。以后果行合大道，明朝闻之必喜，善言不久而至矣。吾二国各守边疆，复乎前好，乃为善也。”

六月初八日，遣穆哈连收东海瑚尔哈部遗民千户、丁男二千而回。

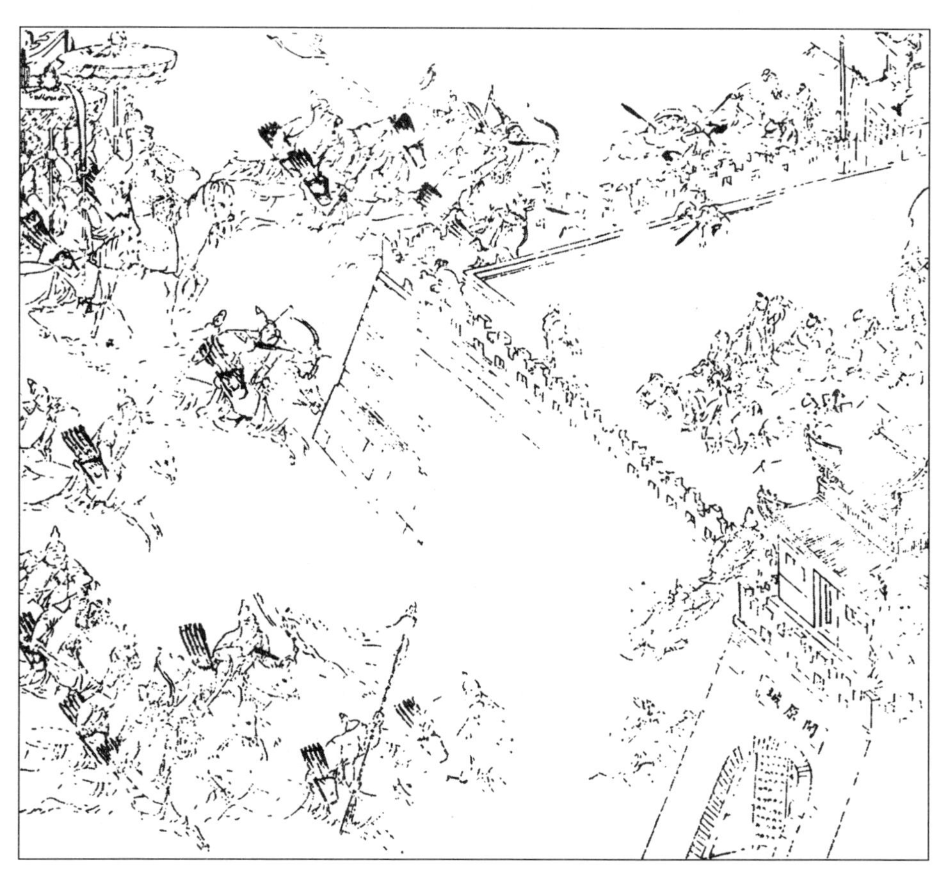

太祖克开原

帝出城接款降者，置酒二百席，宰牛二十只，大宴。赐所降路长每男、妇各十人，马十匹，牛十只，衣五件。次者赐男、妇各五人，马、牛各五匹、六月初十日，帝将兵四万取开原。行三日，时天雨，河水泛涨，乃谓诸王、大臣曰："可回兵耶？抑前进耶？倘路途泥泞，河水难济，何以行之？"会议屯留二日待水落地干，恐此际有逃者泄机于明，知取开原，故令兵进沈阳地界。遂遣兵一百略沈阳，杀人三十余，生擒二十而回。令人视开原路河水可济否？来报曰："开原处无雨，道路不泥。"帝闻言遂起大兵，十六日至开原，守城总兵马林、副将于化龙、署监军道事推官郑之范、参将高贞、游击于守

李如柏惊走呼兰

志、备御何懋官等，城上布兵防守，城外四门屯兵。我兵遂布战车、云梯进攻，欲先破东面塞门掩杀。正夺门时，攻城者云梯未竖遂逾城

而入，城上四面兵皆溃。其城外三面兵见城破，大惊，冲突而走，被抵门之兵尽截杀于壕内。郑之范预遁，马林、于化龙、高贞、于守志、何懋官等，并城中士卒尽歼之。帝登城南楼而坐，有哨探来报，铁岭三千兵来援，诸王领兵迎之，铁岭兵一见即走，我兵二十人追杀四十余人而回，收人畜财物三日犹未尽。

有蒙古阿布图巴图鲁先投于明，居开原，受守备职，因妻子被执[20]，遂带二千总及兵二百余来降，将妻子家业尽查与之。将士论功行赏毕，毁其城郭，焚公廨[21]并民间房屋遂回兵。帝谓王、大臣曰："吾等不回都城，于界藩筑城治屋居之，令兵马不济浑河，牧于边境可也。"诸王、大臣议定，奏曰："不如还都各修马厩，采草牧养，以水洗拭，方得肥壮也。士卒归家，以便整顿器具。"帝曰："是非汝所知也。当此六月炎暑，行兵已经二十日，自此归家远近不等，或有二三日至者，或有居都城之东三四日方至者。今天暑路遥，马匹何日得肥？吾欲居界藩，令马牧于此地，早令之壮，八月兴师。"言讫，遂至界藩居之，牧马于边，遣人迎后并诸王妃至，大宴之。是月，帝行宫及王、大臣、军士房屋皆成。

七月，有原居开原千总王一屏、戴集宾、金玉和、白奇策，守堡戴一位，共带二十余人觅妻子来降。帝曰："观此来降者，知天意佑我矣。彼闻吾养人，故来投耳。"于是，赐阿布图人一百、牛马一百、羊一百、驼五只、银百两、绸段二十匹、布二百匹。六千总各赐人五十，牛、马五十，羊五十，驼二只，银五十两，绸段十匹，布百匹。守堡百总等官各赐人四十，牛、马四十，羊四十，驼一只，银四十两，绸段八匹，布八十匹。从者列等赐妻、奴、牛、马、财物、田舍。帝夜梦天鹅、鵽鸪及群鸟往来翱翔，罗得一白鵽鸪，执之，声言吾擒得斋赛[22]矣。随呼而觉，将此梦语后、妃。后、妃曰："斋赛为人如飞禽，何以擒之？"次日复语诸王、大臣，诸王、大臣对曰："此梦主吉，盖天将以大有声名之人为吾国所获，故为之兆也。"

注释：

① 鸦鹘关，古关隘名，位于今辽宁省新宾满族自治县苇子峪镇境内，今称"三道关"，遗址犹存。"鸦鹘"，满语，意为"秃老鸹"，形容关隘险要。

② 叆阳，位于辽宁省凤城市境内。

③ 秋成，谓谷物经秋而开始成熟。

④ 未曙，指天还没亮。

⑤ 生畜，古文字中，生可与牲同。

⑥ 若声，宣布或宣称。

⑦ 杨镐，商丘人，时已致仕。满洲兵破抚顺，复得启用，授兵部右侍郎衔，经略辽东。为"萨尔浒战役"总指挥。

⑧ 吉林山，又称吉林崖，位于抚顺铁背山之南。

⑨ 硕钦山，满、汉两体文本为"勺琴山"。

⑩ 尚间崖，位于萨尔浒东北方向约四十里，今抚顺哈达乡上年马村。

⑪ 斐芬山，位于尚间崖之西。

⑫ 翌晨，次日早晨。

⑬ 额赫，满、汉两体文本为"黑乙"。

⑭ 筤筅，音郎显，古代兵器名，长一丈五尺，枪的一种。

⑮ 满、汉两体文本此间有"之"字，即"各国闻之"，此本似遗漏。

⑯ 遗，此音读"为"，指给予。

⑰ 羸弱，疲惫、衰弱。

⑱ 卜基，勘察、选择吉祥之地。

⑲ 马法，女真族对年长者之尊称。

⑳ 执，拘捕。

㉑ 公廨，指官署。

㉒ 斋赛：蒙古部落之酋长，与满洲有隙，常思擒之，故有梦中之语。

满洲实录　卷六

天命四年七月至六年三月（明万历四十七年至天启元年）

太祖克铁岭

是月，帝率诸王、大臣领兵取铁岭。二十五日至其城，将围之。其外堡之兵俱投城，被截在外者殆半，四散遁走。我兵布战车、云梯攻城，北面城中游击喻成名、史凤鸣、李克泰令众军连发枪炮，齐发矢石。我兵竖梯拆城垛，摧锋①突入，四面皆溃，将喻成名、史凤鸣、李克泰及士卒尽杀之。帝入城，驻于兵备道官廨。是夜，蒙古喀尔喀部斋赛、扎噜特部巴克与巴雅尔图、岱青、色本诸台吉等约二十人，共领兵万余星夜而来，伏于秫田内。及天明，有出城牧马者约十人，斋赛兵见之发矢追杀。我兵一见即出城，知是蒙古，欲遽[②]战又无上命；不战，而吾人已被杀。但蹑

太祖败斋赛兵

其后而行。帝出城见曰："何为不战？可急击之。"大王曰："今一战，恐贻后悔。"帝曰："此兵乃斋赛兵也。吾与斋赛之恨有五，今又先杀吾人，如此何悔之有？"诸王、大臣遂领兵冲杀，败其兵。追至辽河，溺死及杀者甚众，生擒斋赛，并二子色特希尔、克实克图及巴克、色本，并科尔沁

桑噶尔寨〖明安贝勒子也。原注〗、斋赛妹夫岱噶尔塔布囊。又其臣十余人，兵百五十余，尽囚于钟楼内。诸王、大臣俱奇之曰："得擒斋赛，正应汗吉梦也。"次日，设宴张鼓乐，斋赛等叩见。其部下人乌瑚齐曰："汗与王、大臣皆无恙否？"时，四王在侧答曰："吾军之仆厮有十数人破头颅者，余皆无恙。不知汝等鞍马俱保全否？"[3]蒙古等皆赧然[4]垂首，竟无以对。屯兵三日，论功行赏，将人畜尽散三军。先放斋赛部臣博罗齐等十一人还国，寄言斋赛兵败及二子并兵百五十余被擒之事，乃班师。帝谓诸王、大臣曰："今既留斋赛，其兵已尽被杀，恐所属军民牲畜为他人所掠，奈何？不如将所擒百四十人放还可也。"谕毕，遂令回。

八月十九日，帝率王、大臣领兵征叶赫。会议破敌之策，令大王、二王、三王、四王领部下健卒西向围布扬古城，亲率八固山额真并大兵东向取锦台什城。议定，大兵星夜前进。叶赫哨探见之，即飞报于布扬古曰："满洲大兵至矣。"于是，叶赫国民皆惊惶，其屯寨之民近者入城，远者避于山谷。

二十二日天明，大兵至。布扬古、布尔杭古[5]领兵出城西，立于冈上，吹螺呐喊。见满洲兵盔甲明如冰雪，旌旗剑戟如林，大兵压境，漫山遍野，前后不绝如流，威势可畏。布扬古大惊，急入城。诸王领健卒遂围其城。日方升，帝率大兵至锦台什城，四面围之，遂分队破其外郭，军士整顿云梯、战车已备，令锦台什降，锦台什不从，答曰："吾非明兵比，均男子也。吾亦有手，岂肯降汝？惟有死战而已。"遂令兵攻之。两军矢发如雨，我兵即推战车登山，拥至，拆其城。城上滚放巨石、药罐、檑木，我兵不退，遂拆城而入。城上兵迎战，复又败走，于是，四面皆溃，各入其家。帝遣人执旗令众兵勿杀城中军民，又遣人执黄盖[6]传谕勿杀降者，于是，城中军民俱降。锦台什携妻子登其所居之台[7]，我兵围之招曰："汝降则下，不然必攻之。"锦台什答曰："吾不能战，城已被克。今困于家，虽战亦不能致胜。若得吾妹所生子皇太极来此一见，得闻确实言，吾即下矣。"闻者将此言奏之，帝令人往西城召四王至，曰："尔舅有言，但得汝到即降。汝盍往之。彼降则已，不然可令吾兵拆台。"四王领命而去。既至，锦台什曰："吾甥皇太极从来未识，焉能辨其真伪？"费英东、达尔汉额附二人曰："人之相貌汝岂不识？常人中有此奇伟者耶？汝国使者必尝告汝，岂未之闻乎？若不深信，曩者[8]吾国曾遣汝子德尔格勒之乳媪[9]往议和好，可令来认之。"锦台什曰："何用老妪为也？吾观此子颜色，未得其父活我之善言，是欲赚吾下台杀之耳。吾石城铁门已失，今困于此台，战岂能胜？然此地是吾祖居，愿死于此。"四王曰："汝于天险之山，苦已劳民多年，筑其城郭如是之固，尚且被克，今居于此台何为？汝意不过诱取敌人并命已耳。不知孰肯以名臣攻战中汝计耶？乃何故曰得吾确实之言方下？岂战不能胜汝，而出确实之言欤？吾已在此，若下台，即引见父皇，杀之则死，宥之则生。昔汝等征伐六亲，屠戮欲尽者，岂肉可食而血可饮耶？吾遣人二三十次欲相和好，似乎战不能胜而欲求和，乃将吾使杀者杀羁者羁，今汝丧身之祸已至。吾父若念此恶则戮之，若以我故而不究，则生之矣。"劝慰再三，仍执前言不下。四王曰："舅言吾来即下，故来耳。若愿降，可疾下引见父皇，否则吾去矣。"锦台什曰："尔勿去，待吾近臣阿尔塔什先去见汗，察言观色，回时吾方下。"遂令阿尔塔什往见，帝怒曰："阿尔塔什离间吾亲，致明人举兵四十万，非尔而谁？若念此恶，杀之宜也。但前愆[10]何必追究？"令回招其主。于是，阿尔塔什往招曰："我主宜降。"锦台什又曰："闻吾子德尔格勒被伤，犹存彼处，当召来相见，吾即下矣。"

四王召德尔格勒来与之见。德尔格勒谓父曰："吾等战不能胜，城已陷矣。今居此台之上，更欲何为？盍下台，若杀则死，留则生。"言之再三，竟不从。于是，四王执德尔格勒回，欲杀，遂缚之，德尔格勒曰："年三十六矣，死于今日，欲杀即杀，勿缚我也。"四王留德尔格勒于家，以其言奏之。帝曰："子招父降而不从，是父之罪也。其父当诛，其子勿杀。"四王引德尔格勒见帝，帝推食与之，令四王与德尔格勒[11]同食，曰："此尔之兄也，当善遇之。"其锦台什妻见夫不降，遂携稚子急趋而下。锦台什执弓，与从者重整盔甲，我兵遂执斧毁其台。锦台什纵火自焚，诸将疑锦台什已死，遂撤毁台之兵。其房舍火焚殆尽，锦台什身被火炙，乃自下，遂执而缢之。诸王正围西城，招而不从，既而布扬古、布尔杭古闻东城已破，大惊。乃遣使曰："今吾等虽战亦无如之何，愿降。"大王曰："初令降而不从，料吾兵既至此岂肯舍汝等而去乎？汝主，吾妻兄弟也，招抚之意，予不过欲恩之使得生也。战则汝等之身不过死于吾小卒之手，降则得生。果纳降，彼弟兄二人或惧而不来，其母乃吾之岳母，可令先来，吾岂有杀妇人之理？"使者以言回告，又来曰："吾等愿降，汝可出一确实誓言，将吾等仍居本城。"大王怒曰："汝等再勿出此言，既破一城，复留汝等居此，岂吾力不能拔而去乎？汝可速降，不然东城已破，汗驾来攻，汝等必死矣。"布扬古、布尔杭古遂将母送出城，大王抱见[12]，礼毕，母曰："汝无确言，吾二子不信，故惧耳。"大王乃以刀划酒而誓曰："若杀汝等于降后，殃及于我，若我誓后而犹不降，殃及汝等。倘必不从，克城之后杀无赦。"遂将此酒饮半，半送与布扬古、布尔杭古饮之，遂开门出降。大王曰："可去见父皇。"布扬古驻马，终不答，大王挽其辔[13]曰："汝非男子，乃妇人耶。一言已定，立此更欲何为？可随吾往见。"遂引见帝。布扬古膝不并屈，惟屈一膝，不拜而起。帝以金杯赐酒，布扬古屈膝不端，酒亦不饮，沾唇而已，仍不拜而起。帝谓大王曰："可引汝舅仍往彼城。"帝默思，谓吾既不念旧恶欲豢养之，当以为死而幸生可也。反如此漫无喜意，仍若仇雠[14]，于叩首起拜之间尚不肯屈，此人将何以豢养之也？是夜，命缢之。以其弟布尔杭古虽

太祖灭叶赫

有过恶，尚可姑宥，念吾长子留之可也。将明国来助此二城者，游击马时楠[15]及兵一千俱杀之。于是，凡叶赫城郭皆降，其诸臣军民等一无杀戮，父子兄弟夫妇诸亲等亦无离散，秋毫无犯，俱迁徙而来，给房、田、粮谷等物。查其无马者千余，赐以马匹，叶赫自此灭矣。

满洲国自东海至辽边，北自蒙古嫩江，南至朝鲜鸭绿江，同一语音者俱征服，是年，诸部始合为一。

十月二十二日，蒙古察哈尔林丹汗，遣使康喀勒拜瑚赍书来曰："蒙古国统四十万众，英主青吉斯汗[16]致问水滨三万人英主安否？明于吾二国乃仇雠也。吾闻自戊午年（1618）来，明人数受兵于汝国，今夏吾已亲往广宁招抚其城，取其贡赋。倘汝兵往图之，吾将不利于汝。吾二人原无交恶，若吾所服之城为汝所得，吾名安在？设不从吾言，二人之是非穹苍鉴之。先时，吾二国使者常相往来，因汝使捏言吾之骄慢，告汝以不善之言，故相绝耳。若以吾言为是，汝将前使可令复来。"满洲王、大臣等见此书皆怒，有谓来使可杀，有谓可劓刵[17]之放归。帝曰："汝等之怒诚然，即吾亦怒矣。然于来使无与，是遣使者之罪也。可久留之，待回时亦书不善之言相答。"谕毕，遂羁其使。

是日，喀尔喀部卓礼克图洪巴图鲁合五部贝勒等至书曰："斋赛屡启衅端，诚为有罪，其处此惟在乎汗。但明国乃敌国也，如征之必同心合谋，直抵山海关，负此言者天神鉴之。倘与之和，亦同议定。若明国所输财物，厚汝薄吾汝毋受，厚吾薄汝吾亦不受。能践此言，名闻远近，不亦善乎？"

十一月初一日，帝命额克星额、绰瑚尔、雅希禅、库尔禅、希福五臣，赍誓书与喀尔喀五部贝勒等共谋连和。同来使至冈干塞忒勒黑孤村处，遇五部贝勒，宰白马、乌牛，设酒、肉、血、骨、土各一碗，对天地誓曰："蒙皇天后土佑我二国同心，故满洲国主并十固山执政王等，今与喀尔喀五部贝勒等会盟，与明国修怨，务同心合谋。倘与之和，亦必同议，若毁盟而不通五部贝勒知辄与之和，或明国欲败我二国之好，密遣人离间而不告，则皇天不佑，夺吾满洲国十固山执政王之算[18]，即如此血出、土埋、暴骨而死。若明国欲与五部贝勒和，密遣人离间，而五部贝勒不告满洲者，喀尔喀部执政贝勒都稜洪巴图鲁、鄂巴岱青、额森、巴拜、阿索特音、莽古勒岱、额布格德依台吉，乌巴什都稜、古尔布什、岱达尔汉、莽古勒

阵擒斋赛见太祖

岱岱青、毕登图、叶尔登、绰瑚尔、达尔汉巴图鲁、恩格德尔、桑噶尔寨、布塔齐都稜、桑噶尔寨、巴雅尔图、多尔济、内齐汉、魏徵、谔勒哲依图、布尔哈图、额滕、额尔济格等众贝勒，[19]皇天不佑，夺其纪算[20]，血出、土埋、暴骨亦如之。吾二国若践此盟，天地佑之。饮此酒、食此肉，寿得延长，子孙百世昌盛，二国始终如一，永享太平。”帝曰：“斋赛与二子俱被擒，

但恐所属人畜为族人侵夺，可令其二子更番往来，一子在彼保守人畜，一子在此侍父。若斋赛之归期，须待五部贝勒同征明国，得广宁后再筹之。”于是，赐其子克实克图轻裘三领〖貂二、猞猁狲一。原注〗，靴、帽、衣、带、鞍、马，令还。

太祖略蒲河、懿路

庚申天命五年（1620）正月十七日，修书复察哈尔汗曰：“阅来书，汝为四十万蒙古主，吾为水滨三万人主，何故恃其众以骄吾国乎？闻昔明之洪武取大都时，四十万蒙古摧折几尽。奔逃者仅有六万，不尽属汝。鄂尔多斯一万；十二土默特一万；阿索特雍谢布喀喇沁一万，此三万之众据汝之右，任意纵横，于汝无与[21]。即左三万之众，亦岂尽属于汝耶？三万且不足，乃以昔日之陈言骄语为四十万，而轻吾国为三万人乎？天地岂不知之？然吾国虽小，不似汝之众，吾力虽弱，不似汝之强，但得天地垂佑，哈达、辉发、乌拉、叶赫暨明国之抚顺、清河、开原、铁岭等八处俱为我有。汝且言广宁吾取，贡处毋征也，若图之将有不利于我。若尔我从来有隙，出此言宜也。本无仇隙，何故为异姓之明，遂欺天地所佑之人主而出此恶言？恣行不道，如逆天然。吾惟至诚格天[22]，天乃锡吾勇智，其眷顾也独隆[23]，亦未之闻乎？焉能不利于我哉？且汝于广宁所得之物，谓能破彼之城郭畏而与之耶？抑以亲视汝爱而与之耶？如其爱而与之，锱铢[24]之利受之何为？汝果能复三十四万之大都而出此言，诚是也。昔明国未受吾兵时，汝初与之构兵，弃盔甲、驼、马脱身败北。及再与构兵，格根岱青之从臣并十余人被斩于阵中，一无所获而回。不知二次所得者何处人畜？所克者何处名城？所败者何处大兵？独不思明之赏汝，从来未有如此之厚！今不过以我兵威所震，男子亡于锋镝，妇女守其孤嫠[25]，明人畏吾，故以利诱汝耳。且明与朝鲜异国也，言虽殊而衣冠相类，二国尚结为同心。尔我异国也，言虽殊而服发亦相类，汝果有知识者，来书当云：'皇兄征我旧日之仇国，蒙天垂佑，破其城败其众，愿同心协力，共图有仇之明。'如此不亦善乎？今且不求合理，不务令名以祈天眷，乃欲贪得有尽之财货，构怨于素无嫌怨之国。若此者，神祇岂不鉴之？"书毕，乃令硕色武巴什为使，赍往。林丹汗览书，将去使杻械[26]囚于拜星所居之城。帝风闻去使见杀，欲杀彼使。四王谏曰："杀吾使恐未确，前所羁内有与康喀勒拜瑚同来者，令持书往。约以归吾使之期，若逾期不至，戮之未晚。"帝从其言，遂遣其人赍书云："若还吾使，吾亦反[27]

康喀勒拜瑚。不然，吾必杀之矣。”去后过期不还。又，喀尔喀五部落使者屡言硕色武巴什被林丹汗斩之祭旗矣。帝犹待月余，谓诸王、大臣曰：“今过期已有月余，去使被杀无疑也。”遂诛康喀勒拜瑚。后，硕色武巴什密通监者，去其杻械同潜出，徒步逃回。

四王皇太极败朱万良兵

帝与五部贝勒盟后，有喀尔喀巴约特部[28]索宁台吉下一人，及扎噜特部宰桑扣肯[29]下一人来投，帝曰：“降者之情诚为可矜[30]，但前日之盟尤不可背。”遂不纳，各还其主。

二月内，赐斋赛子色特希尔蟒衣、裘、帽、靴、带、鞍马令还。

三月初一日，放扎噜特色本回。色本立誓曰："吾与巴克弟兄二人素与满洲无隙，因与有罪之斋赛同来被擒。蒙恩视吾犹子，赐衣食豢养。今又放吾还国，若不恩报而如布占泰怀仇者，皇天后土鉴之，殃及其身，夺吾之算。若此心不易，常思恩报，神祇佑之，俾寿延长，子孙昌盛。"书毕，告天焚之。帝仍赐蟒衣、轻裘、靴、带、鞍、马之类令还。帝论功序爵，列总兵之品为三等，副、参、游亦如之。其牛录额真俱为备御，每牛录下设千总四员。

初八日申时，左固山一品总兵官费英东卒，年五十七，苏完〖苏完，地名也。原注〗人也。初率众来归，帝授一品总兵，以皇子阿尔哈图图们贝勒女妻之。秉心正直，凡上有缺失处，极言争之。尽心竭力，以辅国政。临终时，天色明朗，忽起片云，惊雷掣电，雨雹齐降，霎时而霁，遂卒。诚满洲之良臣也。帝欲临丧，后、妃及诸王谏曰："亲临此丧，恐有所忌。"帝曰："与吾创业大臣渐有一二凋丧者，吾亦不久矣。"坚执以往，哭之恸，惆怅良久，漏下三更始回。

六月初四日，树二木于门外，令曰："凡有下情不能上达者，可书诉词悬于木上。吾据诉词颠末[31]，以便审问。"

满洲使者扈垒往扎噜特达雅台吉处，赍来马八匹、牛四十四、羊一百，并所骑之马、衣服、器械等物，被本部钟嫩、昂阿珠彻特、扣肯[32]等弃盟言，使兵要于路，俱劫之，惟放扈垒而已。

满洲往五部使者还曰："五部贝勒等已负盟矣，谒鄂巴岱青二次，不容相见。诸部之使不来，惟二部使者至，述都稜洪巴图鲁之言曰：'吾子孙之心俱变而不能制，然吾身绝不负汗也。'扎噜特钟嫩、昂阿珠彻特、扣肯三部贝勒，领兵复截满洲使者锡喇纳、硕洛辉二人于路，将赍来马十一匹、牛六十二只夺之。又夺往扎噜特色本处使者伊沙穆赍来马二匹、牛二十八只、羊百十二。

八月二十一日，帝自将诸王、大臣领兵征明国，进懿路、蒲河二处，其人民弃城走，遂收兵安营。哨探报曰："有沈阳兵出城来迎，已越我侦探处矣。"帝遽起曰："可掩杀来兵，以塞其门。"言毕，遂率兵迎之。沈阳城总兵贺世贤、副将鲍承先、总兵李秉诚、副将赵率教，各离城二十里下寨，见我兵至遂遁回。帝谓三王曰："近汝之敌兵不多，汝可领本部追之。"三王遂率健卒百人，追杀李秉诚、赵率教兵，越沈阳城东抵浑河始回。其左一固山兵，追贺世贤、鲍承先直抵沈阳北门，杀人百余回。四王复欲杀入，大王与达尔汉辖劝止之，遂将所获八千人畜论功赏赐军士乃还。

太祖克沈阳（图一）

九月，皇弟青巴图鲁[33]薨。葬之七日，帝亲往奠之。因至费英东墓泣下，三奠酒毕，又至拉哈吉木、巴逊二墓，令从臣奠之而回。二人均系近臣，勤劳素著者。

十月，自界藩迁于萨尔浒，建军民房舍，至十一月乃成。

太祖克沈阳（图二）

辛酉天命六年（1621）正月十二日，帝与代善、阿敏、莽古尔泰、皇太极、德格类、济尔哈朗、阿济格、岳讬诸王等，对天焚香，祝曰："蒙天父地母垂佑，吾与强敌争衡[34]，将辉发、乌拉、哈达、叶赫同一语音者俱为我有。既而征明，又得其抚顺、清河、开原、铁岭等城。又破其四路大兵，皆天地之默助也。今祷上下神祇，吾子孙中纵有不善者，天可灭之。勿令残害，以开杀戮之端。如有残忍之人不待天诛，遽兴操戈之念，天地岂不知之？若此者亦当夺其算。昆弟中若有作乱者，虽知之不忍伤残，惟怀理义之心以化导其愚顽，似此者天地佑之，俾子孙百世延长，所祷者此也。自此之后，伏愿神祇不咎既往，惟鉴将来。"

太祖破陈策营

二月十一日，帝率诸王、大臣、统大军分八路略明之奉集堡，守城总兵李秉诚闻之，领三千骑出城六里安营。令兵二百为前探。左四固山兵遇之，二路追杀至山上。其山下有明国兵结阵，一见我兵至，即拔营奔城。我兵随后击之，明国兵败走，两路拥二门争进，杀至壕边方回。当拥门掩杀之时，有参将吉巴克达及一卒，被城上巨炮击死。帝率大兵离城三里方立冈上，右翼兵亦至。午时将回兵，有小卒来报曰："吾同行三人遇明国兵二百，被杀其二，其兵不远。"帝谓诸王、大臣曰："右翼王可领本部兵追杀，吾率左翼兵驻此。"于是，德格类台吉、岳讬台吉、硕讬台吉寻敌所在，因追二百兵，遂杀至二千兵所立之处，敌兵见之惊走。四王领部下健卒至黄山时，署总兵事朱万良率大营之兵，见我兵势重不能抵敌，亦遂惊走。四王追击至武靖营而回，适与分路破敌之诸王相遇，收兵同归大营，论功行赏毕，乃旋师。

闰二月十一日，筑萨尔浒城毕，帝曰："筑城之夫最苦，可赐牛以劳之。"群臣曰："与其用国中之牛，盍俟征明获牛、驴而给食之？"帝乃升殿，聚诸王、大臣曰："人君无野处露宿之理，故筑城也。君明乃成国，国治乃成君。至于君之下有王，王安即民安，民安即王安。故天作之君，君恩臣，臣敬君，礼也。至于王宜爱民，民宜尊王，为主者宜怜仆，仆宜为其主。仆所事之农业与主共食，而主所获之财及所畋[35]之物，亦当与仆共之。如是上下相亲，天悦人和，岂不共成豫庆哉？如筑城之木石，岂出于筑城之地耶？凿石于山，采木于林，转运之远既已劳矣。而筑垒之工，不更苦乎？今尔等之意，实不欲出己之财故耳。不知征明国当以大义举之，如为犒筑城之夫而掠之，最不可也。"时，适有副将博尔晋后至，帝问曰："自何来？如是喘息，想徒步来耶？"博尔晋对曰："自筑城处来。"帝曰："尔轻身行走尚且劳顿，运木石而筑城者宁不劳欤？"遂赏牛及盐、犒劳夫役。

三月初十日，帝自将诸王、大臣领大兵取沈阳，将栅木、云梯、战车顺浑河而下，水陆并进。至十一日夜行，见青白二气，自西向东，绕月晕之北，至南面而止。

是夜，明国沿台举火，哨探至二更飞报，总兵贺世贤、尤世功二人大惊，遂分兵布于城上。

十二日辰时，大兵至城东七里，栅板为营。

次日辰时，令攻城兵布云梯、战车攻其东面。城外有深堑，内插尖桩，上覆黍秸，以土掩之。又壕一道，于内边树栅木。近城复有壕二道，阔五丈，深二丈，皆有尖桩。内筑拦马墙一道，间留炮眼。排列战车枪炮，众兵绕城卫守甚严，城上兵亦登陴[36]坚守。我兵冲入，其七万兵俱败。绕城掩杀，覆尸累积。总兵贺世贤、尤世功、参将夏国卿、张纲；知州段展；同知陈柏等俱斩于阵，其城遂拔，杀兵几尽。

四王皇太极大败三总兵

哨探报曰："浑河南有兵至。"帝率兵迎之。

时，四川步兵原立营于黄山，总兵陈策、参将张名世，闻我兵至沈阳，领兵渡河来援，离城七里二处安营。执竹杆长枪、大刀、利剑，铁盔之外有绵盔，铁甲之外有绵甲。帝见之，令右固山兵取绵甲、战车，徐进击之。红甲拜雅喇[37]不待绵甲战车至即进战，帝见二军鏖战胜负未分，令后兵助之，遂冲入败其兵，追杀至浑河尽溺死。阵斩陈策、张名世，而我国有先进战参将布哈、游击朗格、实尔泰战死于阵中。

我兵既歼二营之众，见浑河南五里外复有步兵一万，布置战车、枪

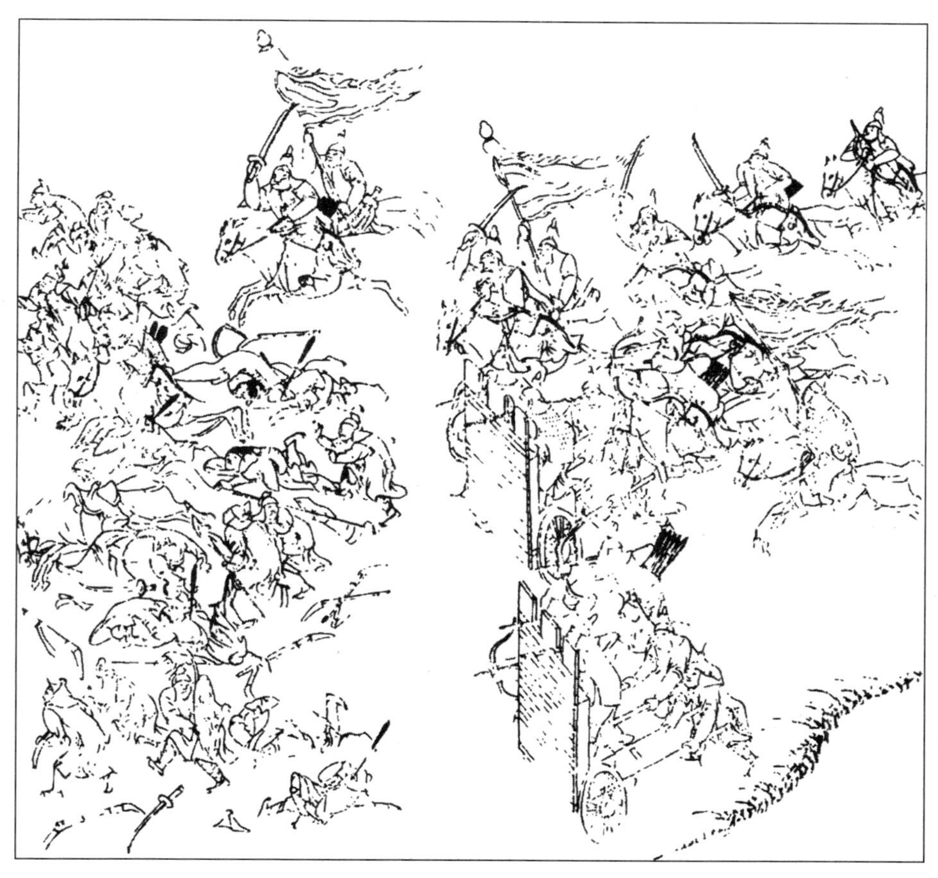

太祖破董仲贵营

炮，掘壕安营，用黍秆为障，以泥涂之。我兵将往战，有守奉集堡总兵李秉诚、守武靖营总兵朱万良、姜弼领三万骑兵来援，至白塔铺安

营，遣兵一千为前探。满洲雅逊领二百健兵探之，一见遂走。明国兵随后放鸟枪追之，帝闻报大怒，亲率兵迎敌，因至四王营告之，遂前进。四王急上马，领健骑奔帝前曰："父皇何须亲往，吾愿领兵前敌。"帝遂许之。四王率兵疾进，其追兵四散。奔北掩杀至白塔铺，又见三总兵大兵布阵。四王亦不待后兵至，即率百骑杀入。三总兵不能敌，遂惊走。正追杀时，岳讬台吉至，大王亦续至，同追四十里，沿途死者约三千余，即收兵回营。

天将暮，帝复战浑河南步兵，布战车冲入破其营，杀副将董仲贵、参将张名世、张大斗及众兵殆尽。天已暮，帝收兵，诸王各领健卒于东门外教场安营，令众将率大兵屯于城内。次日，帝责雅逊曰："吾子皇太极，父兄依赖如身之有目，因汝败走而杀入众军中。万一有失，罪应寸磔[38]。汝何故率吾常胜之军望风而走？以失锐气。"严加叱詈[39]，遂定罪，削其职。屯兵五日，论功行赏，将所获人畜分于三军，令先还国。

十八日，帝聚诸王、大臣曰："沈阳已拔，敌兵大败，可率大兵乘势长驱以取辽阳。"议定即前进，至虎皮驿，军民俱弃城逃走，遂安营。明国哨探见之，飞报辽阳城守文武官曰："满洲大兵已取沈阳，援兵尽败。今又来攻辽阳。旌旗蔽日，漫山塞野，不见其前后，至虎皮驿下寨。"众官闻之大惊，遂放太子河水于壕，塞其西闸。内列火器，于城上排兵四面，守御甚严。

注释：

① 摧锋，顶着枪林弹雨。

② 蹑其后，偷偷地紧随其后。

③ 皇太极以此言耻笑癸巳年九月古埒山之战，明安贝勒兵败，骑骣

马狼狈逃脱故事。

④ 赧，音腩。赧然，因惭愧而面红耳赤，形容很难为情的窘态。

⑤ 布尔杭古，布寨子，布扬古之弟。

⑥ 黄盖，古时称伞为盖。黄盖，专为皇帝出行所备的龙辇，是皇权的象征。

⑦ 相传叶赫东城筑有八角楼，疑即为此台，今遗迹仍依稀可辨。

⑧ 曩，指以往，从前或昔日。

⑨ 乳媪，指乳母、奶娘。

⑩ 前愆，以往的过失、罪过。

⑪ 德尔格勒，后被授佐领、三等男爵。德尔格勒之弟尼雅哈，授佐领，其子南楚，任护军统领、袭三等男爵，次子明珠，即康熙朝权臣，官至兵部尚书，武英殿大学士、太子太傅、太子太师。明珠之子即清初著名词人纳兰性德。

⑫ 抱见，礼节。满族风俗，凡久别相见必互抱以示亲近。

⑬ 辔，驾御牲口用的嚼子或缰绳。

⑭ 雠，音筹，意同仇。

⑮ 马时楠，又名马时冉。

⑯ 青吉斯汗，即元太祖成吉思汗。此处是以其号称之。

⑰ 劓，音义，割鼻，古代五刑之一，劓刵，即割鼻、割耳，古代肉刑。

⑱ 算，数也，指命运遭遇不测。

⑲ 诸人名因字序繁杂，或有误。

⑳ 纪，岁、日、月、星辰历数皆称纪，古代以十二年为一纪。纪算，指此间的好运。

㉑ 无与，无关。

㉒ 格天，古代统治者自称受命于天，凡所作为皆感通于天，故称格天。

㉓ 隆，指多，丰厚。独隆，唯独赐予我的丰厚。

㉔ 锱铢，喻轻微、细小。

㉕ 嫠，音离，寡妇。

㉖ 杻械，手铐脚镣，在手曰杻，在脚曰械。

㉗ 反，同返。

㉘ 约特，满、汉两体文本为“岳忒”。

㉙ 宰桑扣肯，满、汉两体文本为“寨桑侯痕”。

㉚ 矜，音今，怜悯。

㉛ 颠末，即本末，前后经过。

㉜ 扣肯，满、汉两体文本为“侯痕”。

㉝ 青巴图鲁，庶母所生，原名穆尔哈齐。

㉞ 争衡，在角逐中较量胜负、高低。

㉟ 畋，音田，指猎获。

㊱ 陴，音皮，城上女墙，呈凸凹形，上有孔，可向外瞭望。

㊲ 拜雅喇，满、汉两体文本为“摆牙喇”。

㊳ 磔，音哲，古时一种分裂肢体的酷刑，又称车裂。

㊴ 詈，音力，叱詈，严厉责备。

满洲实录　卷七

天命六年三月至九年八月（明天启元年至天启四年）

四王皇太极大败五总兵

十九日午时，兵至城东南角，渡河未毕，哨探报曰："西北武靖门外有兵。"帝率左翼兵先往。有总兵李怀信①、侯世禄、柴国柱②、姜弼、童仲魁等，率兵五万，出城五里布阵。帝一见，令兵击其营之左。四王领部下健卒随至，亦欲进战，帝止之曰："吾已令兵往击，汝勿前进，可领右翼兵驻于城边瞭望之。"四王曰："令后至二红旗固山兵瞭望可也。"遂前进。帝又令阿济格台吉往劝之，四王坚意行，帝即令扈从二黄旗兵助之。四王奋力冲杀，击其营之左。明营兵放炮接战，四王杀入破其营，左四固山兵亦杀入，两相夹攻，明兵大溃而走。四王乘势追杀六十里，至鞍山始回。又有一营兵从西门〖即武靖门也。原注〗出，遇二红旗兵击退，争入门者人马自相蹂践，积尸不可胜计，乃收兵。是晚，回至城南七里安营。

二十日卯时，帝谕诸王、大臣曰："观绕城之水，西有闸口，可令左四固山兵掘之。东有水口，以右四固山兵塞之。"亲率右四固山兵布战车于城边以防卫，令众军囊土运石，壅其水口③。明国又有三万兵出东门〖即平夷门也。原注〗外安营，列枪炮三层，连发不已。左四固山遣人来曰："西闸口难掘，若夺其桥，可得也。"帝曰："桥可夺诚夺之，若得之，急来告我，吾当进攻此门。"即令来人速往。水口壅塞既毕，遂令绵甲军排车，进击东门敌兵。其营中连放枪炮，我兵遂出战车，外渡壕水，呐喊而进。两军鏖战不退，有红甲拜雅喇④二百杀入，又二白旗兵一千亦杀入，明之骑兵遂败。诸王部下，白甲拜雅喇俱杀入夹攻之，其步兵亦败，投城而走。我兵乘势驱杀，溺水而死者满积壕，水尽赤。时，左四固山兵亦夺西门桥，分杀守壕之兵。明营兵隐于屋垣，放炮发矢连绵不断，城上亦放火箭⑤、火炮、掷火罐。我兵奋勇冲突，即竖梯登城驱杀其兵，遂夺西城一面，据其两角楼。城中官员军民皆丧胆，惊扰溃乱，往来奔走于城内而已。时，右固山兵下马，步行两壕之间，运薪刍⑥填内壕。正攻城，北面左四固山兵来报曰："酉时已登西城矣。"帝即撤攻城兵，以益⑦登城处。是夜，城内兵举灯火与我兵拒战达旦，有监军道牛维曜、高出、邢慎言、胡嘉栋，户部傅国并军民等，多坠城而逃。次日黎明，明兵复布车大战，又败。右四固山兵亦登城，八固山合为一处，沿城追杀。时，经略袁应泰在城东北镇远楼监战，见城被克，遂纵火焚楼而死。分守道何廷魁携妻子投井死，监军崔儒秀自缢。总兵朱万良、副将梁仲善、参将王豸、房承勋，游击李尚义、张绳武，都司徐国全、王宗盛，备御李廷幹等俱死于乱军中。生擒御史张铨，其余官民皆薙发[⑧]降。阖城结彩焚香，以黄纸书万岁牌肩舆迎帝。午时，大张鼓吹[⑨]入城，官民俯伏夹道皆呼万岁，乃驻于经略衙门。安抚已毕，令张铨来叩见，许以高爵厚禄待之。铨曰："吾受朝廷宠渥，若降顺是遗臭于后世。汝虽欲生我，我惟知一死而已。生我固汝国之善事，死则吾之芳名留照汗青矣。"终不见。帝闻其言曰："若不战而降，理当优待。被擒之人，既不欲生，夫欲死之人岂能养耶？宜斩之。"四王怜之而不忍杀，乃援古[⑩]晓之曰："昔宋之徽、钦二帝为金太宗皇帝所擒，尚尔屈膝叩见，受封公侯。吾欲生汝，故以此言开导耳，何执迷而不屈乎？"铨曰："王之所教诚是，无非欲生全我也，虽死亦不忘。但徽、钦乃乱世之小朝廷，吾当今皇帝一统天下之尊，吾岂肯屈膝而失大国之体统耶？即留我十日，但迟十日不死之期而已，无复生之理。然吾之所以稍存一时者，盖为后日苍生虑耳。前者当事将吏俱愚昧不谙时务，生灵涂炭不知其几千万矣！吾观满洲兵虽与战无益，徒伤生耳，故欲具本奏知我朝，二国相和，免生灵涂炭，以成我令名于后世。且吾之母、妻及五子在家，我死俱可保全。吾若偷生，并宗祀亦覆绝矣。故一死之外无他愿也。"帝知其不服，遂缢而瘗之。

辽阳既下，其河东之三河、东胜、长静、长宁、长定、长安、长胜、长勇、长营、静远、上榆林、十方寺、丁家泊、宋家泊、曾迟镇、西殷家庄、平定、定远、庆云、古城、永宁、镇夷、清阳、镇北、威远、静安、孤山、洒马吉、瑷阳、新安、新甸、宽甸、大甸、永甸、长甸、镇江、汤站、凤凰、镇东、镇夷[11]、甜水站、草河、威宁营、奉集、穆家、武靖营、平鲁、虎皮、蒲河、懿路、范河、中固、鞍山、海州、东昌、耀州、盖州、熊岳五十寨，复州、永宁[12]监、栾古、石河、金州、盐场、望海埚、红嘴、归服、黄骨岛、岫岩、青台峪等大小七十余城，官民俱薙发降。

十九日，蒙古国喀尔喀部卓礼克图、达尔汉巴图鲁、巴哈达尔汉、实尔呼纳克等四贝勒部下二千余骑，闻大兵已拔沈阳，乘残破之余来窃

太祖率兵克辽阳（图一）

取沈阳财粟。时有满洲之游牧蒙古在城中，遂出城驱杀，获牛、马甚多。

生擒三十人以献，帝命斩其二十四，留六人持书归，责其侵扰之故。

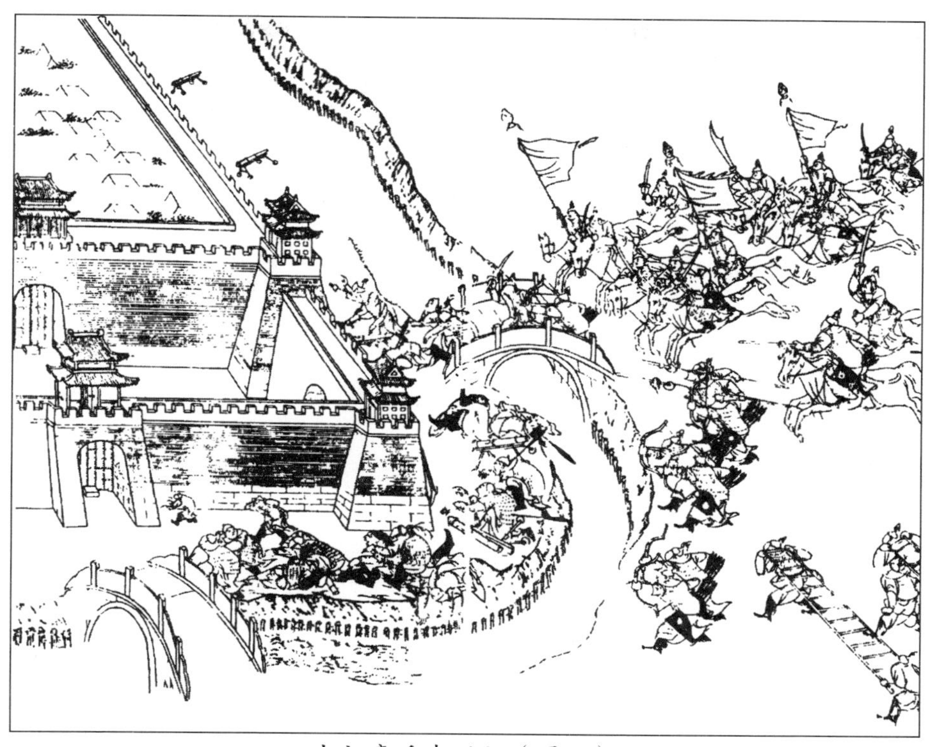

太祖率兵克辽阳（图二）

二十一日，遗[13]朝鲜国王书曰："满洲国汗致书于朝鲜国王，如仍助明国则已。不然，有辽人济江而窜者，可尽反之。今辽东官民已薙发归降，其降官俱复原职。汝若纳我已附之辽民而不还，异日勿我怨矣。"帝聚诸王、大臣议曰："辽阳乃天赐我者，可迁居于此耶？抑仍还本国耶？"诸王、大臣俱以还国对。帝曰："若我兵一还，则辽阳必复固守，凡城堡之民，必逃散于山谷，不为我有矣。弃所得之疆土而还国，后必复烦征讨。且此处乃明国、朝鲜、蒙古三国接壤要地，天既与我，即宜居之。"诸王、大臣对曰："此言诚然。"议定，遂遣人迎后、妃、皇子。

二十四日，释辽阳狱中官民，查削职闲住者复其原职，设游击八员，都司二员，委之以事。帝论拔城破敌将士攻战之功，行赏毕，因得辽东。又发库银、布、帛，重赏总兵以下官员及士卒等有差。移辽阳官民于北城，其南城则帝与诸王、大臣及将士居之。

二十九日，命皇子德格类、侄斋桑古台吉等率八将领兵一千安抚人民，并阅三岔河浮桥。二台吉领兵至海州，城中官民富户张鼓乐，以肩舆迎之。二台吉揽辔传令曰："军士不许扰害居民，劫夺财物，可登城而宿，勿入民室。"传令毕，遂入城。二台吉宿于公廨，三军俱屯于城上。

次日，遣视三岔河浮桥之人来曰："其桥彼已拆毁，亦无舟楫。"遂安抚人民而回。

四月初五日，后、妃、诸王及诸臣眷属悉至，于是，下诏安抚各城堡百姓。

六月十四日，左固山一等总兵额亦都卒，年六十岁。起于戎行[14]，奋其勇力，往往争先破敌，累立功勋，故以宗妹妻之，升为上将。当祭奠之日，帝临其墓，哀痛三次而回。

七月初三日，帝升殿。因得辽东，大宴群臣，总兵以下备御以上分左右序坐。席间以金卮[15]行酒，各亲赐之。宴毕，各赐衣一袭，群臣谢恩。帝曰："明国之万历帝土广民众，不知自足，反虐害小邦而侵夺尺寸之地，故致丧其将士而又失其疆土，此天厌明国而佑我也。然吾等得至于此者，虽赖上天庇护，亦尔诸臣之力。此杯酒袭衣乃微物耳，岂足以酬功哉？但念尔等攻战之劳，以此表吾心之嘉悦而已。"

二十日，镇江中军陈良策与民潜通于明，海岛大将毛文龙令堡外民呐喊诈言敌来，城中人闻之皆溃。良策乘乱执城守游击佟养真，杀其子佟丰年并从者六十人，叛投毛文龙。其汤站、险山二堡民亦执守堡官陈九阶、李世科以叛。帝闻之，命四王、二王率扎尔固齐、总兵、副、参等官领兵三千，迁镇江沿海居民于内地。命大王、三王领兵二千，移金州民于复州。

太祖大宴群臣

八月初九日，喀尔喀部以牲畜一万赎斋赛，送其二子一女为质。帝用白马祭天，令斋赛誓之。赐貂裘、猞猁狲裘各一领，靴、帽、玲珑带并弓矢、雕鞍，马一匹，甲百副。

十五日，诸王送斋赛至十里外设宴饯别，将所质之女与大王为妃。

十一月十八日，命二王领兵五千，渡镇江入朝鲜地攻剿毛文龙。兵至镇江，连夜入朝鲜境，斩游击刘姓者及兵一千五百，文龙仅以身免，乃还。

太祖兵克西平堡

蒙古喀尔喀部内古尔布什台吉、莽果尔台吉，率民六百四十五户并牲畜来归。帝升殿，二台吉拜见毕，设大宴，各赐貂裘三领、猞猁狲裘二领、虎裘二领、貉裘二领、狐裘一领、镶边貂裘五领、镶边獭裘二领、镶边青鼠裘三领、蟒衣九件、蟒段六匹、绸段三十五匹、布五百匹、金十两、银五百两、雕鞍一副、沙鱼皮鞍七副、镶金撒袋一副。又撒袋八副，弓矢俱全，盔甲十副，奴仆、牛、马、房、田凡应用之物皆备。以聪古图公主妻古尔布什，赐名青卓礼克图。给满洲一牛录三百人，并蒙古一牛录，共二牛录，授为总兵。其莽果尔以宗弟济伯哩都济呼[16]女妻之，亦授为总兵。

壬戌天命七年（1622）正月，扎噜特送巴格[17]贝勒子鄂齐尔桑来质，于是遂放巴格还。

十八日，帝率诸王、大臣征取广宁。留宗弟铎弼、贝和齐、沙津及苏巴海额驸〖苏巴海，哈达国万汗之孙，帝以宗弟济伯哩都济呼之妹妻之，故称额附。原注〗，沙津等统兵守辽阳。即日起程，次日宿东昌堡。二十日寅时起营，辰时至辽河，防河兵见势不可当，遂遁走。前哨健卒追杀二十里外，至西平堡乃止。申时，大兵至，遂围之。二十一日，招城守副将罗一贵不降，辰时布战车、云梯攻之，四面兵皆溃，午时乃下，一贵及兵一万俱歼之。尚未收兵，哨卒来报曰："广宁城东有兵至。"我兵迎之，尚未成列，明总兵刘渠、祁秉忠、李秉诚；副将刘征、鲍承先；参将黑云鹤、麻承宗、祖大寿；游击罗万言、李茂春等领兵三万乘机急战。我兵亦不暇布阵，即分投杀入，明国兵势不能支，遂溃走。我兵乘胜追杀五十里至平洋桥，总兵官刘渠、祁秉忠及副、参等官全军覆没。惟李秉诚、鲍承先、祖大寿、罗万言遁去。时天已暮，帝收兵回，驻西平堡。

明之败兵入广宁，报经略熊廷弼、巡抚王化贞，二人闻之大惊，遂与通判万有孚、监军道高出等弃城向山海关而逃。分巡道高邦佐走至杏山驿自缢。有游击孙得功，千总郎绍贞、陆国志，守备黄进等把守城门，遣七人请降。帝赏以银两，给信牌[18]而去。

二十二日，西兴堡备御朱世勋差中军王志高请降，帝亦赏以银两，给信牌而去。是日，将所得之人畜论功行赏毕，其余人畜散与三军。

二十三日，大兵起行赴广宁，有我国人投明为千总之石天柱及秀才郭肇基二人来降曰："吾等已禁城门矣。"帝赐以所乘之鞍马，并旗一杆而去。又，正安堡千总来降，帝赐信牌二面。

太祖大兵阵杀刘渠

二十四日，镇静堡参将刘世勋来降，赐旗而去。大兵行至广宁城东三里外望昌岗处，城内各家焚香，官生⑲居民执旗张盖，抬龙亭，用鼓乐，叩首迎谒。未时入城，驻于巡抚公廨，有潜逃入山之游击罗万言投降。其平洋桥守堡闵云龙，西兴堡备御朱世勋，锦州中军陈尚智、铁场守堡俞鸿渐，大凌河游击何世延，锦安守堡郑登右，屯卫备御黄宗鲁，团山守堡崔尽忠，镇宁守堡李诗，镇远守堡徐镇静，镇安守堡郑维翰，镇静堡参将刘世勋、守堡臧国祚，镇边守堡周元勋，大清堡游击阎印，大康守堡王国泰，镇武堡都司金励、刘式章、李维龙、王有功，壮镇堡、闾阳驿、十三山驿、小凌河、松山、杏山、牵马岭、戚家堡、正安、锦昌、中安、镇夷、

广宁官生出城纳降

大静、大宁、大平、大安、大定、大茂、大胜、大镇、大福、大兴、盘山共四十余城之官，各领所属民降。

帝驻兵十日，乃移兵欲进山海关。时，熊廷弼尽焚沿路屯堡房屋而走，大兵至中左所复回锦州，命大王、四王领兵至义州移其民，城中闭门不服，遂克城杀兵三千。大兵回至广宁，遣官接后、妃等。

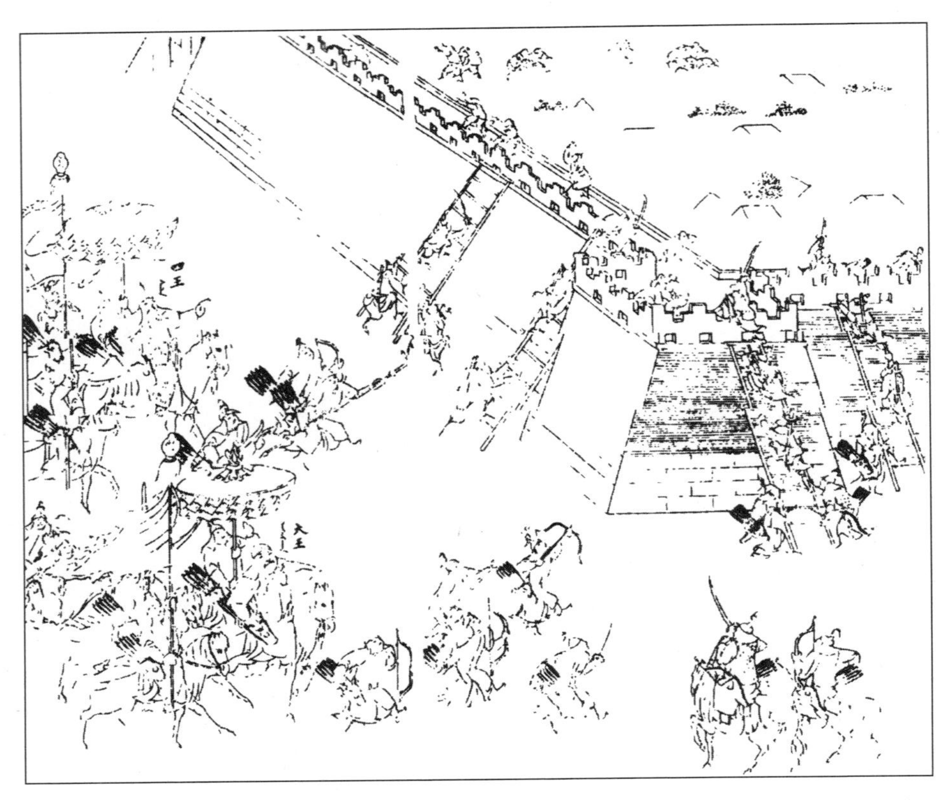

大王褚英、四王皇太极克义州

二月十一日自辽阳起行，十四日乃至，设庆贺之宴。十六日，蒙古兀鲁特部明安、谔勒哲依图[20]、索诺木、吹尔扎勒[21]、达赖、密赛、拜音岱尔玛、昂坤、多尔济、固禄、绰尔齐、奇卜岱[22]、伊林齐、特灵、实尔、呼纳克等十七贝勒并喀尔喀等部台吉，共率所属军民三千余户并牲畜归附。帝升殿，赐宴毕，乃谕之曰："吾国之风俗，主忠信，持法度，贤能者举之不遗，横逆者惩之不贷。无盗贼诈伪，无凶顽暴乱，是以道不拾遗，拾物必还其主。皇天所以眷顾，盖因吾国风俗如此。尔蒙古人持素珠念佛，而盗贼欺伪之行不息，是以上天不佑，使汝诸贝勒之心变乱为害而殃及于国矣。今既归我，俱有来降之功，有才德者固优待之，无才能者亦抚育之，切毋萌不善之念。若旧恶不悛，即以国法治之。”谕毕，列等授职，赐以貂鼠、猞猁狲、狐狸、貉皮、虎皮等裘，蟒衣、金、银、绸、段、布匹、银器、房、田、奴婢、牛、马、粮粟，凡所用之物俱赏给之。

喀尔喀五部落民有一千二百户并来归。

十七日，帝命诸王统兵守广宁，驾还辽阳，将河西一带所降之官民移于河东。时，西平败将鲍承先亦随民归降。

三月初三日，八固山王等问曰：“上天所予之规模何以底定？所锡之福祉何以永承？”帝曰：“继我而为君者，毋令强梁之人为之。此等人一为国君，恐倚强自恣，获罪于天也。且一人之识见，能及众人之智虑耶？尔八人可为八固山之王，庶几同心干国，可无失矣。尔等八固山王中，有才德能受谏者，可继我之位。若不纳谏不遵道，可更择有德者立之。倘择立之时如不心悦诚服而有难色者，似此不善之人难任彼意也。至于八王理国政时，或一王有得于心，所言有益于国家者，七王当会其意而发明之。如己无能，又不能赞他人之能，但缄默坐视，当选子弟中贤者易之。易置时，如有难色，亦不可任彼意也。八王或有故而他适，当告知于众，不可私往。若面君时，当众人毕集共议国政、商国事，举贤良，退谗佞[23]，不可一二人至君前。”

是月，帝集诸王、大臣议曰：“皇天见佑，将辽东地方付与我等。然辽阳城大，且多年倾圮。东南有朝鲜，西北有蒙古，二国俱未服。若释此而征明国，难免内顾之忧。必另筑城郭，派兵坚守，庶得坦然前驱而无后虑矣。”诸王、大臣谏曰：“若舍已得之城郭，弃所居之房屋，而更为建立，毋乃劳民乎？”帝曰：“既征明国，岂容中止？汝等惜一时之劳，我惟远大是图。若以一时之劳为劳，前途大事何由而成？可令降民筑城。至于房屋，各自建之可也。”诸王、大臣俱敬服帝言，遂于城东五里太子河边筑城迁居之，名其城曰东京。

七月，大臣硕翁科罗巴图鲁卒，年六十四岁。

癸亥天命八年（1623）正月，前遣归蒙古巴格贝勒至，是已期年矣，复来朝见。帝悦，遂释其质子鄂齐尔桑与之俱归。

初七日，传谕曰："八固山王设八大臣辅之，以观察其心。孰能于事不分人己而俱持以公论；孰于一己之非，不肯自任其非而形于辞色。八大臣当共持公论，非者即以为非。如不从所诤[24]，即奏上知。一也；大凡国事，何以成，何以败，当深为筹划。有堪辅政者，则曰此人可使从政，即举之。有不堪任事者，则曰此人不堪任事，即退之。二也；总兵以下为将者，凡行军之事，何以胜，何以负，当深计之。凡攻用何具，战用何器，有利于用者，当预备之。有才堪军旅者，则曰可治军旅。有不能者，即曰不能。三也。盖贤不举则无以劝善；不肖者不错则无以惩恶。果能于国事经营咸宜，则吾所生之子孙有益，所设之臣僚有益，此心宁不愉快乎？"喀尔喀五部之拉巴实希卜台吉、索诺木台吉、莽古塔布囊、鄂博和塔布囊、达赖台吉等，各率所属军民、牲畜，并各处蒙古共五百户来归。皆列等授职，仍赐貂裘、猞猁狲裘、金银、布帛及房田、奴仆、牛马等物。

初，扎鲁特昂安贝勒执满洲使者与叶赫杀之，又遣往蒙古使者屡被截杀于路，夺其牲畜。帝怒之，于四月十四日，命阿巴泰台吉、德格类台吉、斋桑古台吉、岳讬台吉，领兵三千往讨之。至二十一日连夜疾行，二十二日方曙过罗地，渡辽河，纵兵急趋。有前锋总兵岱穆布领精兵五十先至，额尔格勒地为昂安所属，遂略地百里，乃与参将雅希禅、博尔晋辖至昂安居处，攻之。昂安率妻子并二十余人，乘牛车而奔。雅希禅、博尔晋辖领三十余骑下马，岱穆布领十余骑勒马而立，昂安避下马之兵直冲岱穆布，岱穆布迎战，当先射之。昂安部下一人，举小枪刺中岱穆布口，遂坠马，伤重而死。我兵冲入，杀昂安父子并从者于一处，尽获其妻子军民牲畜，及擒桑图台吉〖乃钟嫩贝勒之子，昂安之孙也。原注〗妻子而回。

五月初六日，帝出城迎之，至四十里古城堡南相见。因克敌乃竖旗八杆，吹螺拜天毕，升帐，其出征王、大臣叩见，乃设宴劳之。次日，将所得人畜先赏出征将士，其余列等以赐各官。

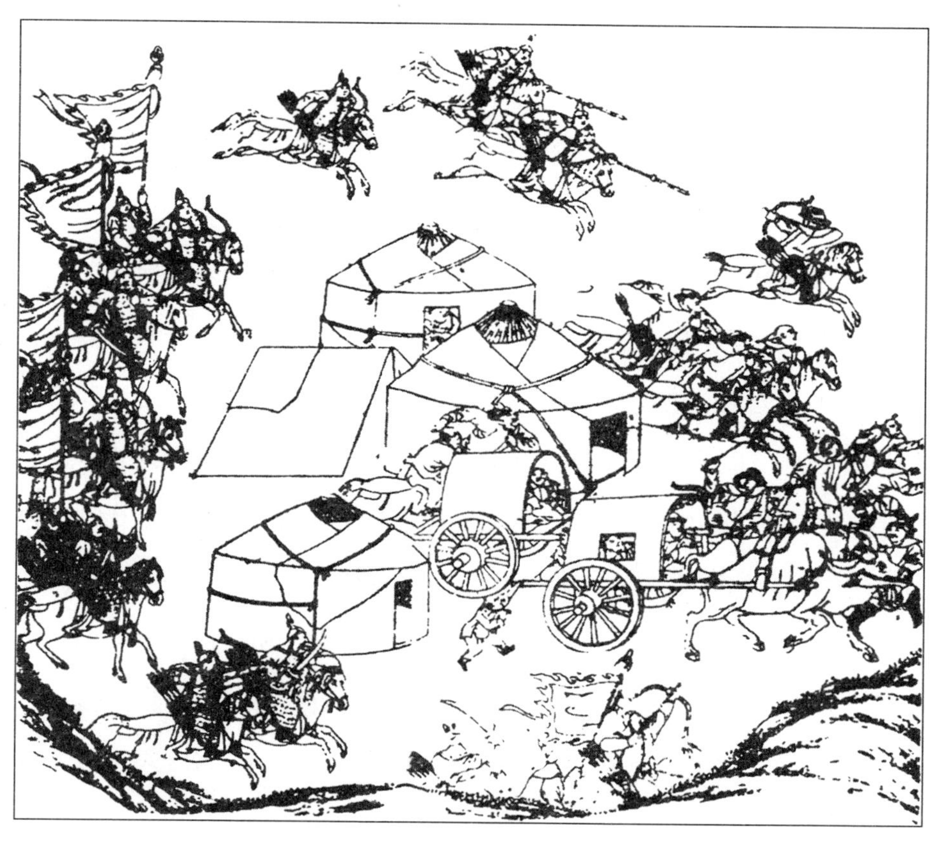

阿巴泰、德格类、斋桑古、岳讬大破昂安

是日天雨，帝曰："蒙古之国犹此云然，云合则致雨，蒙古部合则成兵，其散犹如云收而雨止也。俟其散时，吾当亟取之。”言毕，乃还。

时，桑图因妻子军民既被擒，乃致书哀恳曰：“桑图书奏于主众国明汗，臣自来无罪，故父在日罪诚有之。今大兵下临，惟孤身得脱，妻子俱成俘获。以汗明恕，鉴臣微衷，或有赦还意乎？曩者汗曾云：‘桑图尔即于血战中慎勿惧怯，若果垂怜，望遣一使来。”帝于是遣使告以妻子不曾戮辱，俱存无恙。桑图遂来叩见，即还其妻子与之俱归。

十七日，蒙古科尔沁部孔果尔贝勒送女来，上命斋桑古台吉、杜度台吉至六十里外宴迎。入城复设大宴，与阿济格台吉为妃。

六月初九日，帝御八角殿，召御妹阿吉格福金及众公主训之曰：“天作之君，凡制礼作乐岂可不体天心？然天心何以体之？莫若举善以感发其善者，诛恶以惩创其恶者。如我国诸王中亦有被贬责者，岂与我有怨哉？不过因其紊乱纲常，法所不容耳。即执政诸王尚不令枉法，尔等妇女苟犯吾法，吾岂肯纵恕以败纲常乎？男子披坚执锐共殁于阵[25]者，盖因不背同心之盟，故以身殉国耳。尔居家妇女违法，行背理之事，成何妇道？吾之所以将汝等妻诸大臣者，原酌其才论其功而匹配之也，岂令受制于汝乎？若尔等倚势凌逼其夫，其恶甚于魑魅[26]。如万物俱赖日光而生，尔等当依我之光各安其分可也。”又谓御妹曰：“姑若不预训诸女，倘犯事之后，汝毋阻我。”帝谕诸王曰：“喀尔喀贝勒原任意独行，无所约束，今之来归，荣而更图其荣，逸而更求甚逸也。兀鲁特部贝勒来附，是因其君不仁，故慕我而来归也。此降王等，凡有罪过，当以八固山王视之。倘罪有当诛，无致之死，令还其地可也。”又曰：“尔等降王，凡在我国结婚立家而娶吾女者，勿以吾女为畏。朕原念汝等远附，故妻以女，岂令汝受制于吾女乎？吾尝闻喀尔喀部诸贝勒，以女妻左右近臣者，多侮其夫而虐害其国人。若吾女有似此不贤者，汝等毋与较论，即告朕知，罪当诛则诛之，罪不至死即废之，另以别女妻焉。或有不贤而不告朕，是汝等之过。告之而不责其非，是予之过。凡有艰苦之情切毋自讳，各有隐衷当尽告之。”

二十八日谕曰：“总兵以下备御以上凡有官职者，果恪守乃职，夙夜匪懈[27]，尽心以为国者，吾视之如子，诚为有益。若怀窳惰[28]。安佚之心而怠慢天职，则视之如子竟何益耶？尔等各宜竭力为国。今汉人、蒙古并各国杂处国中，其逃叛盗贼诈伪横逆者，当细察之。尔等若严加察访，则恶者不敢于为恶，国有不治者乎？国治则吾心安，方见豢养汝等之益也。若俱耽安佚而不稽查之，恶者窃发而为国乱，国乱则吾心不安，豢养汝等竟何益哉？创业最难，今既得之，而汝等不敬谨以供职，则吾禄养之恩，更将何以为报耶？”

十月二十日，大臣达尔汉辖卒，年四十八。帝亲临痛哭之。〖达尔汉辖原名扈尔汉，雅尔古人也，因来附，帝养为子，赐以大臣之职。〗

初，喀尔喀巴约特部达尔汉巴图鲁贝勒之子恩格德尔台吉，先诸部来叩见求婚，帝嘉之。将御弟达尔汉巴图鲁贝勒女逊戴郡主妻之，往送其地。至是，甲子天命九年（1624）正月，与郡主同来，欲率部众请命求往东京，帝嘉其意，欲厚待之，与之誓曰：“皇天垂佑，使恩格德尔远离其父而以我为父，远离其亲弟兄，以妻之弟兄为弟兄，弃其故土而以我国为依归，若不厚待之，则穹苍不佑，殃及吾身。吾于天作合之子婿而恩抚无间，则天自保佑，俾吾子孙大王、二王、三王、四王、阿巴泰台吉、德格类台吉、斋桑古台吉、济尔哈朗台吉、阿济格台吉、杜度台吉、岳讬台吉、硕讬台吉、萨哈廉台吉及恩格德尔台吉等，命得延长，永享荣昌。”

恩格德尔亦誓曰："蒙恩父汗抚育，若忘其厚恩，思回本国，不以汗之喜怒为好恶，犹念故国兄弟而怀二心者，穹苍不佑，殃及其身。若同心共意，则皇天眷顾，俾子孙世食汗禄，永享荣昌。"誓毕，上以制诰赐恩格德尔暨郡主，其文曰："恩格德尔后若有罪，惟篡逆不赦，其余一切过犯俱不加罪。但昔居汝国，吾女固仰望于汝。今移居至此，尔则倚赖吾女。然吾女或恃父母而慢其夫者或有之，谅尔有何事苦吾女也，尔心或受吾女之制而不得舒，吾惟汝是庇，吾女虽至死必不溺爱以曲庇之也。"

初六日，命大王、二王、三王、四王并阿巴泰、岳讬、阿济格、斋桑古、济尔哈朗、杜度等台吉，领兵往移恩格德尔并弟莽古尔岱部下人民，诸王即奉命移部众回。帝出东京迎至张义站，大宴之。恩格德尔弟兄各赐以雕鞍、良马、貂裘。恩格德尔子囊努克门都达哈并莽古尔岱子满珠实哩，各赐猞猁狲裘，遂还京。复赐恩格德尔等田卒、耕牛、金银、蟒段、布帛、貂鼠、猞猁狲皮及房田应用之物，仍以平虏堡人民赐之。

二月十六日，皇弟卓礼克图贝勒薨，年四十三岁。

初，与科尔沁部遣使往来者数年，至是复遣使诣其处约固和好。其部长遂遣使赍书来，书曰："鄂巴洪台吉等致书于明掩众光威震列国睿主陛下，吾嫩江台吉等闻汗谕，莫不欣服。然主持其大事裁之自汗，吾等莫有敢违命者。但察哈尔汗及喀尔喀部知吾等与大国同谋，必来征伐，将何以为我谋也？惟汗筹之而已。"帝遂遣巴克什、库尔禅、希福往，与鄂巴、阿都齐、达尔汉、岱青、蒙果各台吉等会盟，宰牛马，置白骨、血、土、酒、肉各一碗，焚香而誓曰："满洲、科尔沁二国，因有察哈尔欺凌之愤，故以盟言昭告天地，愿同心合意。即盟之后，满洲若为察哈尔馈赠所诱中其巧计，不令科尔沁知而先与之和者，穹苍不佑，降以灾殃，如此骨暴、血出、土埋而死。若科尔沁为察哈尔馈赠所诱，中其巧计，不令满洲知而先与之和者，穹苍不佑，降以灾殃，亦如骨暴、血出、土埋而死。果能践盟，则天地佑之，寿得延长，子孙万祺，永享荣昌。”誓毕，库尔禅、希福与科尔沁使者来，帝命大王、二王、三王、四王、阿巴泰台吉、德格类台吉、斋桑古台吉、济尔哈朗台吉、阿济格台吉、杜度台吉、岳讬台吉、硕讬台吉、萨哈廉台吉等，亦宰白马乌牛，对来使同前立誓书而焚之。

四月内，命宗弟铎弼、旦善、贝和齐往祖居呼兰哈达〖山名。原注〗赫图阿拉〖冈名。原注〗处移先陵，三人承命，至皇祖考妣及皇后诸陵前，用太牢祭毕，乃移诸灵榇肩舆以行。幙[29]分黄、红，各有其等。皇祖考用红幙，中宫皇后用黄，其皇伯父礼敦巴图鲁、皇弟达尔汉巴图鲁、青巴图鲁、宗弟祜尔哈奇、皇叔塔察〖篇古之子。原注〗用红[30]。逐日宰牛祭奠，沿途无间。将至，帝率诸王、大臣，令众军披挂，出东京二十里，迎至接官亭。命束草为汉人形，放炮呐喊斩草人以夺其地。帝暨诸王军士俱俯伏道旁，候皇祖考及皇后灵过乃起。至东京城东北四里岗上，建立寝殿奉安之。乃盛陈祭仪，宰牛羊，多焚金银纸张，以祭诸灵。躬诣祖考灵前跪奠，祝曰："吾征明国以复祖父之仇，遂得广宁、辽阳。今迎先灵葬于所获之地，乞祖父上达天地神祇，冥中默佑可也。"祝毕再拜而起。其继娶衮代皇后及皇子阿尔哈图图们灵榇，亦同移于此。

五月，明国毛文龙令游击三员，领兵顺鸭绿江越长白山，寇满洲东界所属辉发地。时有满洲守将苏尔东安击破之。追杀三日，其兵无一人得脱。

二十八日，科尔沁部桑噶尔寨台吉送女来，帝设宴，与皇子多尔衮台吉为妃。

八月初十日，额驸总兵官何和里[31]卒，年六十四，命皇后等往吊之。帝于宫中大恸曰："佐吾创业诸臣何不遗一人以送我之终也！"

是月，帝闻毛文龙兵渡朝鲜义州城西鸭绿江入岛中屯田，命正白旗固山副将楞额礼、镶红旗固山游击兼副将事武善，领兵一千往袭之。于途中获一谍者，诘之，告曰："昼则渡江入岛收获，夜则敛兵过江宿于义州西岸。"楞额礼连夜领兵潜于山僻处前进，遂隐伏至天明。料明兵已渡江，遂纵兵前进，明之侦探未及举炮传烽，楞额礼即渡夹江突至其岛。明国将士大惊，俱抛戈溃走。楞额礼等于陆地掩杀五百余人，其余争入舟，坠水皆溺死。楞额礼等尽焚其粮而回。

注释：

① 李怀信，满、汉两体文本为"李秉诚"。

② 柴国柱，满、汉两体文本为"梁仲善"。

③ 囊土运石，壅其水口，囊土，用袋装土，壅，堵塞。指用土石阻塞水道。

④ 拜雅喇，又作巴牙喇、摆牙喇，八旗编制中官名，顺治后改称护军参领。

⑤ 放火箭，发射引火物燃烧以攻敌之战具，今火箭之雏形。

⑥ 薪刍，喂牲口用的草。

⑦ 益，这里指增援。

⑧ 薙，音替，薙发，同剃发。降者剃满人发型以示诚意。后清军入关，强制推行此法。

⑨ 大张鼓吹，古时乐曲名，主要乐器有鼓、钲、箫、笳等，出自北方少数民族，专为军中之乐。

⑩ 援古，引古事喻今。

⑪ 镇夷，前已有镇夷，似误。

⑫ 永宁，前已有永宁，似误。

⑬ 遗，此处读未，意为“交付”。

⑭ 行，音航，戎行，即军队、行伍。

⑮ 金卮，古代贵重的盛酒器具。

⑯ 济伯哩都济呼，满、汉两体文本为“济白里杜济获”。

⑰ 巴格，前者曰巴克。

⑱ 信牌，即传信牌，当时官吏所持之凭证。

⑲ 官生，明制，文官一品至七品，得荫一子为官，或入国子监读书。后因人数过多，渐加限制，在京三品以上方得请荫，称官生。

⑳ 谔勒哲依图，满、汉两体文本为“兀尔宰图”。

㉑ 吹尔扎勒，满、汉两体文本为“绰乙喇扎尔”。

㉒ 奇卜岱，满、汉两体文本为“奇笔他尔布彦代”。

㉓ 谗佞，说人坏话或用花言巧语巴结上司的人。

㉔ 诤，直爽地相劝，止人之失。

㉕ 阵，满、汉两体文本为“军”。

㉖ 魑魅，传说中指山林里能害人的妖怪。

㉗ 夙夜匪懈，从早至晚不知疲倦。

㉘ 窳惰，音语剁，精神萎靡，懒惰。

㉙ 幙，音木，覆盖在棺椁之上的大块布、绸或毡子等物。

㉚ 满、汉两体文本“篇古之子”四字为正文，无括号。

㉛ 何和里，前曾称何和哩，现又为何和里。

满洲实录　卷八

天命十年正月至十一年八月（明天启四年至五年）

乙丑天命十年（1625）正月，朝鲜国韩润、韩义来降。润父韩明廉与总兵官李国谋篡，起兵攻王京，国王遣兵迎战，为明廉等所败，遂弃城而走。二人领兵入城，有李国部下中军执二人杀之，明廉子润与侄义脱走来归。帝赐韩润游击之职，韩义备御之职，仍给妻、奴、房、田、牛、马、财、帛、衣服一切应用之物。帝谓诸王曰："吾宗室中有拜珠扈、祜星阿二兄者，昔日惟知贻我之忧，毫无裨益我也。又，乌拉国岳母〖满泰贝勒之妻，皇后之母也。原注〗及叶赫国岳母[①]等，皆构其夫与我为难，有何益哉？"虽然爱敬之礼亦不可废，遂令人请二兄并岳母、皇姨〖皇后之妹，长住贝勒妻也。原注〗及叶赫国布斋、锦台什二人妻入中宫，延二兄于上座，贺正旦，行家人礼，先拜二兄，后拜四媪。回至东榻下铺毡而坐，后、妃三人亦行妇礼毕，设宴，帝跪而酌酒，令人奉之，后、妃等亦遥跪，令宫婢劝饮。宴毕，仍赐二兄补服衣[②]送还。帝闻明国遣兵一万，由海上至旅顺口葺城驻兵，乃于正月十四日命三王领兵六千克之，尽杀其兵，毁城而回。

二月，科尔沁宰桑贝勒子武克善台吉，送其妹来与四王为妃，四王迎至沈阳北冈，宴之。将至，帝与诸王及后、妃等出迎十里大宴，入城复设宴以礼成配。因其送婚，遂优待之。赐以人口、金银、蟒段、布帛、盔甲、银器等物，令之还。

三月，帝聚诸王、大臣议，欲迁都沈阳，诸王、大臣谏曰："东京城新筑宫廨方成，民之居室未备，今欲迁移，恐食用不足，力役繁兴，民不堪苦矣。”帝不允曰：“沈阳四通八达之处，西征明国，从都尔弼渡辽河，路直且近；北征蒙古，二三日可至；南征朝鲜，自清河路可进。沈阳浑河通苏克素护河，于苏克素护河上流处伐木，顺流而下，材木不可胜用。出游打猎，山近兽多，且河中水族亦可捕取矣。吾筹虑已定，故欲迁都，汝等何故不从？”乃于初三日，出东京驻虎皮驿，初四日至沈阳。是日，有前遣去喀尔达、富喀纳、塔裕三人，招瓦尔喀部三百三十人而至。

初，上命宗弟旺善、副将达珠瑚、彻尔格[③]领兵一千五百，讨瓦尔喀部，至是，闻其俘获甚众，乃畋[④]而迎之。于四月初二日出城，初三日至必音[⑤]行猎，四日至穆瑚觉罗[⑥]会之，宰牛八只祭旗毕，旺善等率众军叩见，帝曰：“尔等所向俱利否？”旺善对曰：“仗汗洪福，所到之处俱利。”遂叩首。帝与三臣抱见毕，乃以酒二百埕[⑦]，并所获之兽百余，犒三军及降民等而回。

十三日至沈阳北冈，复宰牛羊四十，酒四百埕，设四百席大宴劳之。未时入城，赏旺善、达珠瑚、彻尔格从征军士每名银五两。

二十三日，帝设大宴聚诸王训之曰：“《语》云‘其为人也孝弟，而好犯上作乱者未之有也。’吾后代子孙当世守孝弟之道，不可违也。其为长上者，居恒当和洽其子弟。为子弟者，亦宜承顺亲爱方可。至于上待下，下事上，务以真心实意爱敬之，慎勿怀虚假之念。且我满洲原与汉人、蒙古国别俗殊，今共处一城，如同室而居。若遇卑幼过严，则卑幼者必无得所之时，虽薄少饮食亦当聚宴，以联和好。吾之所指示者此耳，汝等毋负朕言可也。”

六月二十七日，明毛文龙三百兵夜入耀州南荞麦冲，至官屯方欲越墙，时屯中未及准备。有青加努妻先执刀，与纳岱、迈图二人妻内竖车辕，为首登墙，截杀其兵，敌人遂坠墙惊走，有守耀州总兵扬古利领兵尽追杀之。帝闻而奇之，乃宣至，赐青加努、纳岱二人妻备御之职，迈图妻千总之职，以金、帛、牛、马，列等重赏之。其名自此播扬于国中。

八月，命屯布噜[⑧]、阿尔岱、茂海、光实等率兵守耀州，重修其城。四人奉命修城将半，有宁远、山海二处兵自天妃宫渡河，夜半来攻。守城诸将追杀直抵河上，人马溺死者甚众，获马七百匹，盔甲、器械无算。屯布噜等献功，帝出迎十里，宰牛八只祭旗毕，将所获马匹列等赏破敌诸将，各赐银牌一面，其余马匹散与众军。

初，命游击〖代管副将事。原注〗博尔晋辖，备御卫齐扎努塞、纽克衷诸、通贵尼堪领兵二千，讨东海南瑚尔哈部，招五百户而来。帝闻之，迎至浑河，出征诸将并招来头目叩见毕，大宴乃还。

初，命雅护喀木、达尼二人，领兵讨东海北卦勒察部时，获人二千而来。帝出城迎之，大宴而回。

初九日，科尔沁鄂巴闻察哈尔国林丹汗兴兵来侵，乃遣使驰书于帝曰："向者[⑨]我二国曾宰白马乌牛对天地歃血结盟，愿合为一，遇有敌兵，必互相救援。今闻南察哈尔与北阿禄会林丹汗举兵，于九月十五日乘河未结草未枯来夹攻。我自去年欲探其兴兵之确实往告，不意汗已预闻，急遣伊沙穆乘二马先来告我。今闻举兵已实，助兵多寡惟汗裁之。其炮手火器，乞助千人。五部贝勒中，吾不能尽知。独洪巴图鲁急刈其禾，欲与我合。吾所恃者，洪巴图鲁、巴林二人而已。其斋赛、巴哈达尔汉，皆有附察哈尔、加兵于我之意。彼若连兵而来，乘虚袭后，其睿算惟在汗也。"帝览毕，遂修书答之曰："鄂巴洪台吉，汝用兵或多或寡吾皆应之，不必过虑也。盖兵不在众寡，惟在乎天，凡国皆天所立者也。以众害寡，天岂容之？但当坚备城郭，守御于城上。彼不能拔必退。若折兵败走，彼国且危。即不败而退，彼知难取亦不敢复侵，汝自无虞矣。昔图们扎萨克图汗〖林丹之祖也。原注〗曾征辉发，时辉发兵五百，带甲仅五十人，与之战不胜而回，以后无复敢侵。凡两军交战胜负难，必有兵寡而欲出战者，此人必是怯敌，欲其便于走也，慎勿从之。若据城待战，伺其攻城不拔而退，乘机一战以致胜者，诚为英勇者也。汝设欲与之和而图无事，昔汝科尔沁贝勒等曾与图们扎萨克图和好，至今屡屡来侵，汝等何罪之有？即与和以图无事，彼果有意侵汝，即曰无罪，彼遂能已耶？明国、朝鲜、乌拉、辉发、叶赫、哈达、满洲苟无城郭，蒙古岂令我等得安居哉？因我等诸国所恃惟城池也。”于初十日，发炮手八人，遣四使赍书往送之。

初，察哈尔车臣汗卒，孙林丹立，尽夺实纳明安部岱青〖车臣弟也，原注〗人民。岱青率其妻并六子扎尔布、色稜[10]、公格实达达、噶尔玛、武尔占叛归鄂巴洪台吉。至是岱青子扎尔布、色稜从科尔沁来谒，帝赐蟒衣四件、玲珑金带二束、甲十二副、刀二口、猞猁狲裘二领、貂皮百张、青鼠皮千张、海獭皮二张。又厚赐银器、段、帛等物令之回。

甘泉铺南，海州所属张屯汉人谋叛，密以人通毛文龙，文龙遣人三百夜袭其屯。屯中满洲人身无甲胄与之战，杀其四人，敌遂败走。时，防海州边将斋沙、武尔坤闻炮声，即领兵追之，杀兵百七十人。十七日，帝因臣民有嗜酒者，遂降旨谕之曰：“自来曾闻饮酒之人，于饮中得何物？于饮中增何艺？如是裨益者有耶？饮酒者与人争斗，以刀伤人反自害其身者有之；或坠马伤其手足折其颈项而死；或为鬼魅所压[11]而死；或纵酒成疾而死；或仆于途路而失衣冠；或得罪于父母兄弟；或恃酒力而毁败其器具，消落其家业者有之。似此种种无益，吾尝闻之矣。况饥时饮酒，不能饱也。炊黍可食，饽饦[12]可食，夫酒与食同是五谷所造，酒能伤人，食能饱人，何不食其饱人者而饮此伤人之酒也？愚者饮之丧身，贤者饮之败德，更且见罪于君上。至于夫饮而为妻憎，妻饮而为夫恶，奴仆因之而逃亡，饮酒有何美哉？古之贤者有云：'良药苦口利于病，忠言逆耳利于行。'佞言耸人之听必坏道，旨酒美人之口必败德，可勿[13]戒欤？"

初，命子阿拜、塔拜、巴布泰领兵一千，征东海瑚尔哈部，二路进兵，俘其众一千五百。十月初四日乃至，帝出城迎之，大宴而回。

十一月初五日，鄂巴洪台吉遣五使告急曰："林丹汗举兵来侵，其势已迫。"帝遂调各路军士，于初十日率诸王、大臣领大兵往助之。至开原镇北关阅兵马，因先射猎之故马甚羸，乃选精骑五千，命三王、四王、阿巴泰、济尔哈朗、阿济格、硕讬、萨哈廉众台吉等领兵往助，帝率大军还都。三王等兵至农安塔地时，林丹汗围鄂巴城已数日，攻之不下。闻满洲援兵至，仓皇夜遁，遗驼、马无算。围遂解，诸王乃还。

丙寅天命十一年（1626）正月十四日，帝率诸王等统大军征明国，十六日次于[14]东昌堡。十七日渡辽河，于旷野布兵，南至海岸，北越广宁，大路前后络绎，首尾莫测，旌旗剑戟如林。有前锋至西平堡，获哨探问之，告曰："明之兵右屯卫一千，大凌河五百，锦州三千。此外，人民随处而居。"大兵将至右屯卫，守城参将周守廉率军民已遁。帝遣将八人，领步兵四万，将海岸积粮俱运贮右屯卫。大兵前进锦州，游击萧圣，中军张贤，都司吕忠、松山参将左辅、中军毛凤翼，并大凌河、小凌河、杏山、连山、塔山七城军民大惧，焚房谷而走。二十三日，大兵至宁远，越城五里横截山海大路安营。纵所俘汉人入宁远，告曰："吾以二十万兵攻此城，破之必矣。尔众官若降，即封以高爵。"宁远道袁崇焕答曰："汗何故遽加兵耶？宁、锦二城乃汗所弃之地，吾修治之，义当死守，岂有降理？且称来兵二十万，虚也。吾约有十三万，亦不以尔为寡也。"帝即令军中备攻具，于二十四日以战车覆城下进攻。时，天寒土冻，凿城已穿而不堕，军

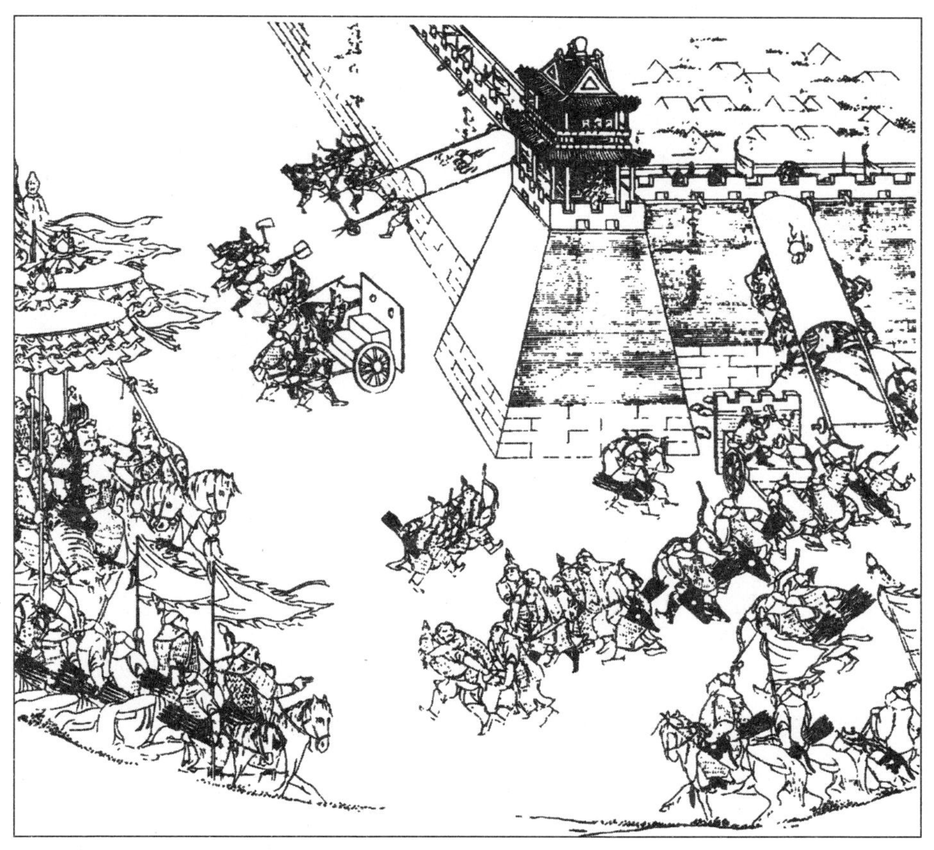

太祖率兵攻宁远

士奋力攻打，宁远道袁崇焕、总兵满桂、参将祖大寿婴城[15]固守，枪炮、药礶、雷石齐下，死战不退；满洲兵不能进，少却。次日复攻之，又不能克，乃收兵。二日攻城，共折游击二员、备御二员、兵五百。

武讷格败觉华岛兵（图一）

二十六日，闻明国关外之兵所需粮草俱屯于觉华岛〖离宁远南十六里。原注〗[16]，遂命武讷格率八固山蒙古，又益兵八百往取之。见明国守粮参将姚抚民、胡一宁、金冠；游击季善、张国青、吴玉于冰上安营，凿冰十五里，以战车为卫。我兵从未凿处进击，遂败其兵，尽杀之。又有二营兵立于岛山之上，遂冲入，亦尽杀之。焚其船二千余，及粮草千余堆，乃还大营。

二十七日，帝还至右屯卫，将粮草尽焚之。

武讷格败觉华岛兵（图二）

二月初九日至沈阳。帝自二十五岁征伐以来，战无不胜，攻无不克，惟宁远一城不下，遂不怿[17]而归。

三月初三日，帝曰："吾筹虑之事甚多，意者朕或倦勤而不留心于治道欤？国势安危民情甘苦而不省察欤？功勋正直之人有所颠倒欤？再思吾子嗣中果有效吾尽心为国者否？大臣等果俱勤谨于政事否？又每常详察敌国之情形，当此昼夜筹划之际，有启沃[18]朕心暨精练行阵者，入而尽言可也。若可与言者告以朕意，俾伊亦抒所见以对，其勇者闻朕言，俾从而识之。大凡语言，有闲论之而深切于理者，亦有粗言之而可喻于精者。

或有其人既不能言又无勇敢，仰视吾面坐听吾言，岂不令人郁闷耶？彼之才具器局，吾已知之矣。将欲觌[19]面斥之，恐其难堪，故不出诸口也。谚有云：'一人善射，十拙随而分肉。'贤人理治之国而彼坐享之，勇者阵获之物而彼坐分之，诚如苗之有莠也。此等之人数至吾前何为也？"

初，帝与五部贝勒等盟，曾言若征明与之同征，和则与之同和。后五

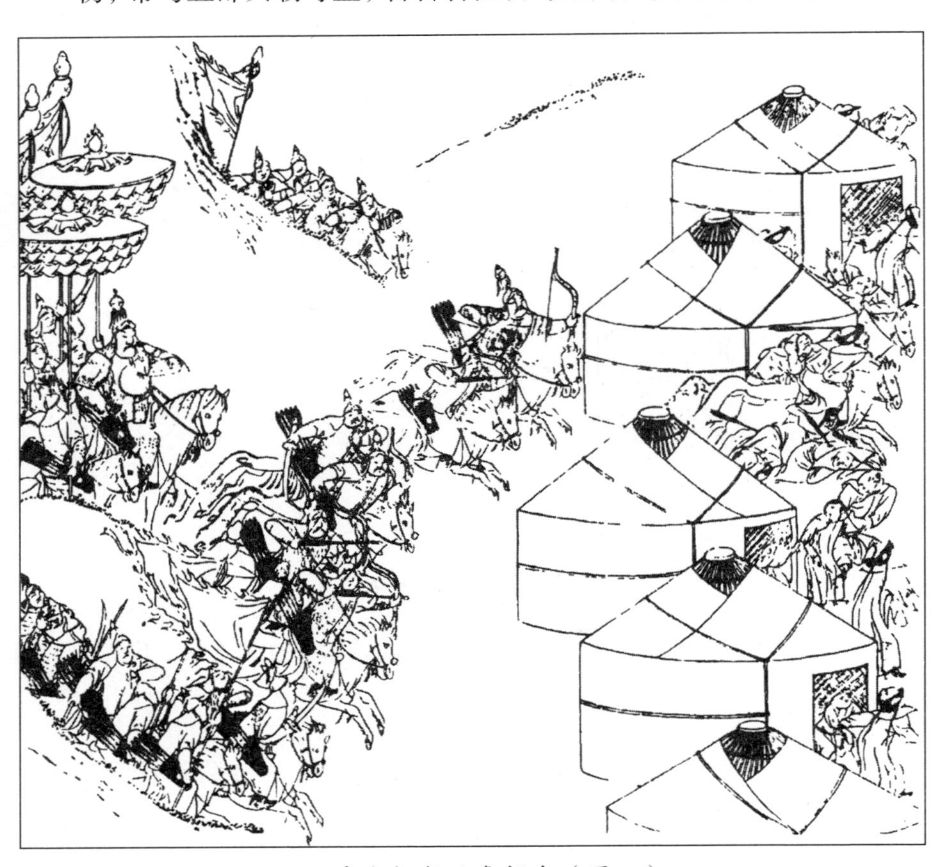

四王皇太极射死囊努克（图一）

部贝勒等背盟私与明和，杀满洲斥堠[20]军献首于明国，多受其赏。又屡劫满洲使者财物牲畜，由是与之为恶，于四月初四日率诸王、大臣统大军征之。初五日，出十方寺边渡辽河安营。选精骑，令诸王率之急进，寻其居

处，亲率众军继之。于初六日大兵星夜前驱，次日天明，分兵八路并进。前锋四王、二王、阿济格台吉、硕托台吉先至囊努克寨。〖囊努克乃喀尔喀巴林部落叶赫巴图鲁幼子。原注〗囊努克领从者数人弃寨而走，满洲诸王随后追之。囊努克且战且走，忽背后一王突至，囊努克未及避，被射死于马下，射之者乃四王也。后大兵续至，取环近屯寨，收其牲畜。

四王皇太极射死囊努克（图二）

初九日，令大王、二王、四王暨济尔哈朗、阿济格、岳讬、硕讬、萨哈廉众台吉等，领精兵一万往实喇木伦，遇有人民即收之，如马力不及则回。复令三王及八固山诸将，率兵二千继前去诸王而进。诸王马乏，欲进不能，未至其地而返。三王乘夜续进，与回兵之路相左，遂渡实喇木伦河，收获牲畜无算，乃还大营。帝率兵回至瑚珲河边安营。

五月初一日，宰牛八只祭旗毕。初二日，喀尔喀巴林部落拉班塔布囊与弟得尔格尔，率百户人来降〖拉班兄弟原系古尔布什所属。原注〗。是日，将所获人畜五万六千五百，俱列等赏给将士。

明将毛文龙遣兵袭鞍山驿，城守巴布泰败之，杀兵千余，生擒游击李良美。帝闻鞍山有警，即夜入沈阳，诸王俱向鞍山进发。至途中闻敌兵已败，乃回。十二日，明将毛文龙复遣兵袭萨尔浒，初更攻城南门，城中矢炮齐下。明兵少却，而我国总兵官巴笃礼自山向下呐喊而入，敌遂败，追杀其兵二百余。十六日，帝闻科尔沁部鄂巴洪台吉来叩见，以鄂巴乃一国贝勒之长，即令三王、四王并众台吉等远迎之。行三日遇于中固城，行接见礼，大宴毕，至范河郊外，鄂巴亦宰牛羊以宴诸王。次日，诸王复设宴答之。二十一日，鄂巴将至，帝谒庙乃出郭，迎十里升帐。鄂巴率部属列于帐前，同和尔和岱[21]、拜思噶尔二台吉进见叩首。鄂巴复诣帝膝下再拜抱见，帝离坐答之。和尔和岱、拜思噶尔二人随之，亦各如此见毕，复位而跪。帝问台吉等安否后，诸王亦依次行接见礼。鄂巴等献貂皮、貂裘、驼、马曰："我等之物俱被察哈尔、喀尔喀两处之兵掠去，竟无堪献者。"帝曰："彼二部兵原为贪得而来，掠其所有不待言也。今尔我无恙，得相会足矣。"遂大宴毕，各赐雕鞍、马匹、金顶帽、锦衣、金带。鄂巴大喜曰："今蒙赐大重[22]，吾等恐明日仍当取还，是以且喜且讶[23]而未敢深信也。"帝曰："此微物耳，何足为意？但以后赐与之物，或随意持赠而已。其物恐未必甚佳，尔等若见诸王中衣服器具之佳者，即向索取，当不尔靳[24]也。"遂与鄂巴等同入城，每日设宴，待之甚厚。鄂巴令和尔和岱、拜思噶尔二人问诸王曰："汗曾许我以女，若果允之，吾可娶也。"诸王转奏之，帝乃择定，大设宴，具奁[25]资，以图伦〖图伦乃达尔汉巴图鲁贝勒子，帝侄也。原注〗台吉女敦哲妻之。

六月初六日，宰白马、乌牛与鄂巴结盟，誓曰："我本顺天安命之人，因被明国并察哈尔、喀尔喀部欺凌，难于隐忍，乃昭告于天，天遂佑之。又，察哈尔、喀尔喀连兵侵科尔沁部，鄂巴亦蒙天佑，今鄂巴积怨二部，来与我共议国事。彼此俱受困厄之人，盖天俾相合也。如能体天心相好不替而无欺诳者，天必眷之。不然，则天必咎之，降以灾危。和好后，子孙有败盟者，天亦以灾危咎其人。如克敦盟好，天自永为眷顾。"鄂巴誓曰："天俾鄂巴得与复前代帝王疆土，公正明汗契合，今以盟言告天：吾科尔沁贝勒等自事扎萨克图汗以来，效忠于察哈尔、喀尔喀未有纤微过恶，今欲相好而不得，彼惟知劫杀不已。将我科尔沁部诸贝勒虏杀几尽，又无辜而杀我达赖台吉，后斋赛又杀我六贝勒。因屡被劫害，不图和好，吾等故成敌也。彼又谓我敢于相抗，合兵相加，幸皇天默佑获免，又得满洲汗协助，吾不敢忘天所佑、汗所助，故来此谒汗，祝天地盟好。若渝盟忘恩，仍与察哈尔、喀尔喀相和者，天降以灾危。如践盟言不忘汗恩，天必眷之。后之子孙倘有败盟者，皇天亦以灾危罪其人。如守盟言世好不替，天自永为之眷顾。"时，宰牛马盟于浑河岸，当天焚香献牲，帝率鄂巴三跪九叩首毕，将二誓书宣于众，焚之。

初七日，大宴鄂巴，赐以汗号。帝曰："为恶者天必咎之，致令国势衰败。为善者天必佑之为君，而国乃兴矣。总之，主宰在天。察哈尔起兵侵害鄂巴，赖皇天佑之，当时昆仲[26]奔北，鄂巴独力抵敌。吾故顺天道赐名土谢图汗，其兄图梅为岱达尔汉，弟布塔齐为扎萨克图都稜，和尔和岱为青卓礼克图。”复赐盔甲并四季衣服、各种银器、雕鞍、蟒段、布帛，鄂巴等谢赐号之恩。

初十日，土谢图汗留妻敦哲，自回本国，帝率诸王、大臣送之。路经一宿，设大宴，至蒲河南岗处，令大王、二王送至铁岭，驾遂还。

二十四日，帝训诸王曰：“昔我宁古塔诸贝勒及栋鄂、完颜、哈达、叶赫、乌拉、辉发、蒙古俱贪财货，尚私曲不尚公直，昆弟中自相争夺戕害，以至于败亡。不待我言，汝等岂无耳目，亦尝见闻之矣。吾以彼为前鉴，预定八家，但得一物，令八家均分之，毋得私有所取。若聘民间美女及购良马者，须加厚赏之。凡军中所获之物毋隐匿，必分给于众。当重公忠而轻财货，此言朕尝为训诫，慎毋遗忘而行贪曲之事。至诸王昆弟中有过，不可不极力规谏而存姑息心。若能力谏其过，诚为同心共事人也。昔卫鞅[27]云：‘貌言华也，至言实也，苦言药也，甘言疾也。’又《忠经》[28]云：‘谏于未形者上也，谏于既形者下也。违而不谏则非忠臣。’凡事勿谓小而无患[29]。不知由小及大，有害于国者多也。凡我训言无非成就汝等，岂欲贻误于汝等耶？昔宋刘裕[30]谓群臣曰：‘自古明君贤相皆由困而亨，舜发畎亩[31]，傅说[32]举版筑[33]，胶鬲[34]举鱼盐，百里奚[35]食牛，天意何居？’群臣对曰：‘君相之任大任也。故天将降大任于是人，必先苦心志，使之遍虑事物而内不得安，劳筋骨使外不得逸，饿体肤使食不得充，所以动心忍性增益其所不能。是人而为君必能达国事，是人而为相必能悉民隐，天意如此而已。’若人之言诚为善识天意者也。以历艰苦者为君，致令国受其福；以享安逸者为君，致令国受其苦。天见我国之民甚苦，故降吾身历尽艰辛，使之推己以及民。吾艰苦所聚之民，恐尔诸王多享安逸，未知艰苦，致劳吾民也。不知有德政方可为君为王，否则君王何以称也？吾昔日曾将所虑及之言明训土谢图毕，既而曰：‘恐汝介意，得毋以人孰无心，何为此谆复也？’土谢图对曰：‘以苦言诲人令其流涕者，爱之也，以甘言诲人令其悦怡者，不爱之也。今汗爱我而有此训，天若亡我，我或忘之矣。吾心决不敢忘。’土谢图曾有此言，尔诸王亦如此心领所训，承我基业而笃行之可也。昔金大定帝自汴京幸故都会宁府[36]，谓太子曰：‘汝勿忧也，国家当以赏示信，以罪示威。商贾积货，农夫积粟。’尔八国固山〖四大王四小王。原注〗继我之后，亦效彼之严守法度，信赏必罚。使我不与国事，得坐观尔等措置，以舒其怀可也。”言毕，书训词与诸王。

七月二十三日，帝不豫[37]，诣清河温泉坐汤十三日。大渐[38]欲还京，遂乘舟顺太子河而下，遣人召后迎之，于浑河相遇，至艾家堡[39]离沈阳四十里。

八月十一日庚戌未时崩，在位十一年，寿六十八。国政及子孙遗命预有告诫，临终遂不言及。群臣更番舁奉[40]，夜初更至沈阳入宫中，诸王、大臣并官民号恸不绝。帝后原系叶赫国主扬机[41]努贝勒女，崩后复立乌拉国满泰贝勒女为后。然心怀嫉妒，每致帝不怿[42]，虽有机智，终为帝之明所制，留之恐后为乱阶[43]，预遗言于诸王曰：“俟吾终，必令殉之。”诸王以帝遗言告后，后初迟疑未决。诸王曰：“先帝有命，虽欲不从不可得也。”后遂服礼衣尽，以珠宝饰之。泣谓诸王曰：“吾自十二岁事先帝，锦衣玉食已二十六年，吾不忍离，故相从于地下，吾二幼子多尔衮、多铎当善抚之。”诸王泣而对曰：“二幼弟吾等若不友爱是忘父也，岂有不善抚之理？”于是，后于十二日辛亥辰时自尽，寿三十七，乃与帝同殓。巳时出宫，安厝[44]于沈阳城内西北角。又有二妃阿吉根、代因扎亦殉之。[45]

帝自幼不饮酒，心怀中正之德，深于谋略，善于用兵，骑步二射绝伦，勇力出众，睿知如神，不思而得。阐微言，创国书。顺者以恩抚之，逆者以兵讨之。赏不计仇，罚不避亲，如是，明功赏，严法令。推己爱人，锄强扶弱，敬老慈幼，恤孤怜寡，人皆悦服。自二十五岁奋迹崛起，带甲仅十三人。然侵伐从不施无罪者，天故佑之。削平诸部及征明国，得辽阳、广宁地。又征蒙古，威名大震，有光于祖考。兴国开疆，以创王基。太祖未即位时，先娶之后生长子褚英，赐号阿尔哈图图们；次子代善，号古英巴图鲁。继娶后所生莽古尔泰、德格类。中宫皇后生皇太极，即天聪皇帝也。继立之后生阿济格、多尔衮，号墨尔根岱青，多铎、号额尔克楚虎尔。皇妃生阿巴泰。又三妃生五子，阿拜、汤古岱、塔拜、巴布泰、巴布海。

注释：

① 叶赫国岳母，即扬吉努之妻孟古之母也。

② 补服衣，明、清时官服的前胸与后背缀有用金丝线或彩丝绣成的图象徽识，亦称补子、补褂。故又称此官服为补服。

③ 旺善，满、汉两体文本为“王善”。达珠瑚、彻尔格，满、汉两体文本为“达朱户、车尔格”。

④ 畋，音田，打猎。

⑤ 必音，满、汉两体文本为“避阴”。

⑥ 穆瑚觉罗，满、汉两体文本为“木户角洛”。

⑦ 埕，音承，即大酒瓮。

⑧ 屯布噜，满、汉两体文本为“土穆布禄”。

⑨ 向者，指从前或曾经。

⑩ 色稜，满、汉两体文本为“色冷”。

⑪ 压，满、汉两体文本为“魇”。

⑫ 饽饦，音拨托，古时的一种面食。

⑬ 勿，满、汉文本为“弗”。

⑭ 次于，指出外远征临时停留的处所。

⑮ 婴城，即环城。

⑯ 觉华岛，位于今葫芦岛市兴城东南，距陆地约九公里的海中，面积约十三平方公里。唐宋时称桃花岛，辽金时称觉华岛，又因岛上盛产野菊花，民国十一年改称菊花岛，明军囤积粮草重地。

⑰ 怿，音义，不怿，愁闷或不快乐。

⑱ 启沃，竭诚忠告。

⑲ 觌，音敌，当面。

⑳ 堠，音后，古代观望敌情的土堡，如烽堠、斥堠等。

㉑ 和尔和岱，满、汉两体文本为“贺尔禾代”。

㉒ 大重，满、汉两体文本为“太重”，此大重似误。

㉓ 且喜且讶，惊讶，这里有受宠若惊，故心存疑虑之意。

㉔ 尔靳，吝惜，不肯给予。当不尔靳，即毫不吝惜。

㉕ 奁，音连，古代女子梳妆用的镜匣，盛香料或放梳妆器具，后泛指奁资为嫁妆。

㉖ 昆仲，敬称兄弟，昆为兄、仲为弟。

㉗ 卫鞅，即商鞅，又称公孙鞅者。

㉘《忠经》，汉代马融撰，郑玄注。第一卷，其文仿孝经写成，共十八章。

㉙ 患，满、汉两体文本为“害”。

㉚ 刘裕，南朝宋武帝。

㉛ 畎亩，指田地、田间,《孟子告子》下:“舜发于畎亩之中，傅说举于版筑之间。”

㉜ 说，音悦，傅说，殷相。傅说曾筑于傅岩之野，武丁访得，举以为相，殷遂得中兴。

㉝ 版筑，筑墙时用两板相夹，以泥土置其中，再用杵舂实。

㉞ 胶鬲，殷末周初人。原为纣王臣，遭纣之乱，隐遁为商，文王于鬻贩鱼盐之中得其人，举以为臣。

㉟ 百里奚，姓百里，名奚，字井伯，春秋时楚国人，秦穆公时奉为贤臣，著名政治家。

㊱ 会宁府，金朝上京路下设的行政建制，旧址在今哈尔滨阿城区南二公里处。北宋政和五年（公元1115）完颜阿骨打建国号“大金”，定都于此。公元1153年由此迁都燕京。

㊲ 不豫，古时对天子或长者患病的讳称。

㊳ 渐，剧也。古语为病危之意。见《列子·力命》:“季梁得病，七日，大渐。”

㊴ 艾家堡，满、汉两体文本为“叆鸡堡”。

㊵ 舁，音于，更番舁奉，即轮流抬着行进。

㊶ 机，前为吉，此处之机为一音之异书。

㊷ 不怿，不高兴或不喜欢。

㊸ 乱阶，祸乱之源。

㊹ 厝，音错，停放灵柩待葬或指浅埋以待改葬。

㊺ 此大妃阿巴亥之死一段，在顺治初多尔衮执政期间曾做过较大删改，其各版本之区别，可详见本书之前言《满洲实录概述》一文。

附

敬题重绘太祖实录战图八韵[1]

爱新觉罗·弘历

昊天[2]有成命，

长白肇嘉征。

〖《实录》内首载：长白山约高二百里，周围约千里，鸭绿、混同、爱滹三江所出。初，天降仙女于长白山东北布库哩山下，有神鹊衔朱果，吞之成孕。生男，生而能言。长成，母告子曰："天生汝，令汝定乱。可往彼处，将所生缘由一一详说。"乃与一舟顺流而下，言讫不见。时，长白山东南鄂谟辉三姓争雄，闻之往见，果非常人，异而诘之。答曰："我乃天女所生，姓爱新觉罗，天降我定汝等之乱。"众皆惊异，遂拥回。三姓人息争，供奉为主，以女妻之，定号满洲，实我朝发祥之始也。原注〗

草创大东始，[3]

规模方夏[4]膺。

旅犹五百阙[5]，

〖阙，音缺。《实录》内载我太祖龙行虎步，举止威严，心性忠实刚果，武勇盖世，用兵如神。原注〗

甲未十三增。

〖初起止遗甲十三副，兵不满百，克图伦城后，攻纳申完颜汉亦仅率兵四百。恩威并行，顺者以德服，逆者以兵临。于是削平诸部，后攻克明国辽东诸城，建都盛京，帝业遂定。原注〗

图远先靖[6]近，

扪创更鼓升。

〖扪，抚摩。《实录》内载：攻翁鄂洛城时，太祖升屋督战，被贼箭中首透盔，即以所拔之箭射贼，应弦而倒。又被他贼射中项，镞卷如钩。拔出，众见被伤欲扶回，太祖恐敌知觉勿令近前，项血涌出，太祖以手摁箭眼，拄弓从容下屋。每恭读《实录》至此，未尝不流涕动心。其后兵力渐强，太祖欲复先世之仇，乃书"七大恨"告天兴兵。亲冒矢石，授方略，大破明师二十万于萨尔浒山。原注〗

遂因书七恨，[7]

便以进千乘。

有战无不克，

惟仁是用兵。[8]

艰难思祖德，

继续励孙承。[9]

重绘传奕世，[10]

毋忘累日兢。

〖《实录》八册，乃国家盛京时旧本，敬贮乾清宫。恐子孙不能尽见，因命依式重绘二本，以一本贮上书房，一本恭送盛京尊藏，传之奕世，以示我大清亿万年子孙，毋忘开创之艰难也。原注〗

注释：

① 此诗为乾隆四十四年重绘此书时题。

② 昊天，指上天。

③ 草创，凡事初设之始。大东，国之疆域的最东面。这里指长白山。

④ 方夏，中国的一种称谓，如华夏，诸夏等。

⑤ 古时用阙字，借指帝王的居所，如“宫阙”。这里应指起兵时的规模。

⑥ 靖，安定。

⑦“七大恨”乃向明朝宣战的檄文。努尔哈赤以七恨告天，意为出师有名，乃正义之师也。

⑧ 自谓仁义之师，即“顺者以德服，逆者以兵临”。

⑨ 原功祖德，世代传承。

⑩ 奕世，累世。一代接一代地传下去。

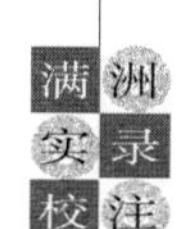

影印《满洲实录》附图说明书[①]

有清起自鄂多理城[②]，号曰满洲。由开创至入关，以迄末叶。三百年来武功文治，载在国史及《东华录》。特《东华录》润色为书，《清史》成稿犹未通行。其余稗官野乘[③]，传闻率多失实，未可据为典要。求其足证而可信者，惟历朝《实录》而已。故其书只有写本两部，藏之内府，石渠秘笈[④]，外间不可得窥。海内人士即欲浏览掌故，其孰从而求之？今年夏，本馆编辑《通志》，得向省政府借观，用资参考。总计全书汉文三千余万言，满文稿亦略称是。而以《满洲实录》为首，记载质实，独附详图，书画精工，出自当时名手。锦缎牙签，里以绣袱[⑤]，洵[⑥]一代巨制也。

昔刘子政校书天禄阁，得窥秘籍，学者以为荣。遇是书什袭[⑦]珍藏，从无人窥其崖略[⑧]，积之又久，几何不供蠹鱼之一饱耶？馆中同人既幸得争先快睹矣。因思鉴古证今，人有同志，爰集钜赀[⑨]，募工仿制。只以全书浩繁，未易咄嗟[⑩]立办。乃摘取《满洲实录》附有详图者，计一部八大册，专以汉文及附图之影印，俾公同好，以广流传。行见是书不翼而飞，不独洛阳纸贵已也。

谨识。

中华民国十九年，岁在上章[⑪]敦牂[⑫]涂月[⑬]

注释：

① 此说明系1930年，辽宁通志馆影印该书时所作。

② 理，原为哩，现为理。

③ 稗官，小官；野乘，即野史。

④ 石渠秘笈，原本为自乾隆八年始编撰的宫廷所藏书画作品目录集。也可代指那些不可随便令人观瞻的典籍。

⑤ 锦缎牙签，里以绣袱，牙签，指用象牙制作的固定书函的标签。绣袱，指函套内外镶衬的锦缎。形容装裱的庄重华贵。

⑥ 洵，实在是。

⑦ 什袭，把物品重重叠叠地包裹起来。

⑧ 崖略，梗概或大致内容。

⑨ 赀，同资，指货币。

⑩ 咄嗟，原指呼吸之间、出口即至，这里比喻马上就可办到。

⑪ 上章，古时用甲子纪年，庚年称上章。

⑫ 牂，音赃，古时称太岁星在午之年曰敦牂。

⑬ 涂月，古时对农历十二月的别称。

跋　　文[①]

盛京故宫崇谟阁庋[②]藏清代实录[③]，自太祖讫穆宗十朝，汉满文字具在，都[④]若干册，盖洋洋乎巨观矣。德宗一朝之实录，于民国修成，虽未及送庋，然别有抄本可求。再合近年修成之《宣统政纪》，则清代十二朝之事备矣。近颇有人倡议景[⑤]印《清实录》，此诚名山不朽之业，不胜日夕引领[⑥]者也。阁中又庋有《满洲实录》八卷，起于长白山之发祥，讫于太祖之崩逝。每节首之图，次之以纪事，所叙多为战绩，盖为太祖实录之别本。清高宗尝题曰《太祖实录》，战图从其实也。其曰《满洲实录》，则阁藏旧题也。五年前，奉天通志馆曾取以付之景，一依原式，惟所制之版已失。近见北平有覆印铅活字版也。兹取通志馆本覆印，将原图缩小四分之一。而于其纪事，则以铅活字摆[⑦]印之。工致而费省，颇便于求者。虽谓此为景印十二朝实录之嚆矢[⑧]无不可也。

甲戌八月，校者谨识。

注释：

① 此跋文为民国甲戌年（1934）辽海书社重新排印时所作。

② 庋，音鬼，放置或保存。

③ 此处所指“清代实录”为《东华录》。

④ 都，凡或总。

⑤ 景，同影。

⑥ 引领，伸直了脖子远望，形容盼望之殷切。

⑦ 摆，同排。

⑧ 嚆矢，响箭，发射时其声先于箭而到，因此比喻事物的开端或先声。